Caudillo, Ejército, Pubelo: La Venezuela del Comandante Chávez

Norberto Ceresole

Índice

Introducción

Del 1 de enero al 5 de marzo de 1999 (1)

«Hay dos chavismos. El de los partidarios de Ceresole y el de los que creen en la democracia. Hay un chavismo, pues, ceresoliano, y un chavismo democrático representado por José Vicente Rangel» (2).

«Pero entonces llega Ceresole y dice que hay que pulverizar a los partidos (con lo cual estoy de acuerdo), y entonces se arma el escándalo» (3).

«El plan cívico-militar parecía el único hueso sano (del gobierno de Chávez), encabezado por el ministro de la Defensa, un prestigioso oficial del ejército venezolano. lucía alentador, positivo, hasta que apareció Ceresole» (4).

«Ahora resulta que después de tanto Bolívar, de tanto Zamora, de tanto Simón Rodríguez, la pócima de Ceresole parece ser la que, en realidad, ha embriagado el ánimo de Chávez. La pócima de Ceresole es la del absolutismo caudillista» (5).

La crisis política que se originó en Venezuela por mi presencia en ese país durante los primeros meses de 1999 no tiene, tal vez, antecedentes en el mundo actual. Nunca una persona privada, sin ningún tipo de apoyatura organizativa, ni mucho menos oficial, generó tanta polémica política e institucional, ni tanto espacio en la prensa escrita, ni tantas horas de radio y televisión, en un período tan corto de tiempo (6). Cualquier lector que recorra los archivos electrónicos de los principales diarios de Venezuela podrá contabilizar más de 350 artículos desde finales de febrero hasta finales de diciembre de 1999, y ni uno sólo de ellos favorable ni a mi persona ni a mis ideas, lo que confirma la tesis del presidente Chávez sobre el carácter mafioso y regiminoso de las empresas periodísticas de Venezuela.

Se trató sin duda de uno de los «episodios más desconcertantes que pueda haber vivido un país latinoamericano, indicativo del grado de confusión en que ha caído la sociedad venezolana» (7). Nunca se dieron las circunstancias para que un intelectual aislado lograra polarizar a un país entero de la manera como yo lo hice en Venezuela, aunque lamentando haberme convertido, contra mi voluntad, en un «super star» (8).

Para que tal increíble circunstancia se produjera fue necesario que confluyeran, en tiempo y espacio, dos poderosos factores primarios, y un tercero, secundario, que era mi historia personal en ese país, mi antigua amistad con el comandante Chávez y mi expulsión de Venezuela en junio de 1995.

Los dos factores principales fueron la inestable y frágil situación interna de Venezuela, y la agresiva posición adoptada contra mi persona por la comunidad judía venezolana y por la alta dirigencia del Estado de Israel (9). A los pocos días de abandonar yo Venezuela llegó a Caracas, sin ser invitado por el gobierno, el entonces ministro israelí de Seguridad Interior, Avigdor Kahalani, con un portafolios lleno de ofertas, como es habitual en estos casos. Israel venía a ofrecer asesoría sobre seguridad, sistemas, cuerpos policiales, «y la manera cómo éstas pueden proteger el territorio» (*El Nacional,* 20 de marzo de 1999). «La presencia de Norberto Ceresole en Venezuela generó interferencias en las relaciones entre el gobierno venezolano y la comunidad judía. A propósito de estos ruidos, y en un intento por contemporizar, el gobierno emprendió una negociación, ya bastante avanzada, para la adquisición de misiles israelíes. Esas transacciones y la presencia en el país del ministro de Seguridad Interior de Israel., señala que la política venezolana comienza a interesar por aquellos predios. Desde allí, por cierto, el Premio Nobel de la Paz, Shimon Peres, acaba de enviar una carta, dirigida al partido Acción Democrática, en la cual manifiesta su inquietud por el proceso de cambios que se desarrolla en Venezuela y, sobre todo, por el papel que los radicales fundamentalistas pudieran tener en él. Se refería Peres a la presencia del sociólogo argentino en nuestro país, hace unas semanas» (10).

Uno de los periodistas venezolanos más sensibles y antagónicos al chavismo, Roberto Giusti, dio en el clavo: ante tantos asesores frustrados del presidente, y contrariamente a las propuestas abstractas pero sobre todo irrepresentativas que llegan al Palacio Miraflores, «la formulación teórica de Ceresole tiene una traducción, se manifiesta en las calles vestidas de boinas rojas y patriotas bandas vociferantes dispuestas a imponer la dictadura de la mayoría». La Venezuela del comandante Chávez presenta dos opciones. Entre ellas, «. con sus correspondientes matices y variantes. hay toda una ofensiva y contraofensiva, una pugna de intereses que se pone de manifiesto en el señalamiento de Ceresole, según el cual existe un *lobbie* (*sic*) del capitalismo internacional incrustado en el dominio del alto gobierno» (11). Es cierto. Mi propuesta para Venezuela es representativa en lo civil y en lo militar. En todo momento estuvo respaldada no sólo en la calle, por los «boinas rojas» (distintivo de las unidades de paracaidistas: una versión «militarizada» de los «descamisados» argentinos) del chavismo. También fue asumida como propia en cuarteles y organizaciones populares de base, a todo lo largo y ancho del país. Esa demostrada y aún demostrable representatividad de mi pensamiento, a escala nacional, y no mi humilde persona, fue lo que provocó el pánico y la histeria del *establishment,*instalado tanto dentro como fuera del gobierno.

Ello fue acertadamente expresado en una columna de opinión de *El Universal,* titulada «La conversión» (se refiere naturalmente a la «conversión» ideológica que, según el articulista, está experimentando el Presidente), quien «. viene de una cosmovisión demasiado primitiva y porque necesita alcanzar otra demasiado avanzada. Porque viene de esa mezcla confusa y atávica de fascismo y moral medieval, que se sintetiza en un nombre: Ceresole. (sin embargo) el verdadero problema es lograr que la conversión se produzca en la masa de gente que lo acompaña, en el conjunto de cuadros y dirigentes que han asumido conscientemente la posibilidad de un proceso revolucionario. Para ellos, el choque entre la inevitable economía de mercado y el deseo de redención social, entre el inexorable capitalismo y la revolución que creen estar adelantando, será muy difícil de asimilar» (12).

La «cuestión judía» y el Estado de Israel

La cuestión judía, en su doble e inseparable dimensión (la que representa la comunidad judía residente en Venezuela y los intereses específicos del Estado de Israel en la región) tuvo y tiene una influencia particularmente importante en esta crisis, debido a cuestiones que no tienen nada que ver con Venezuela. La primera agresión contra mi persona, a nivel público, la produjo el periodista Jorge Olavarría el domingo 21 de febrero. Allí ese señor, entre despectivo y arrogante, me acusa de «antisemita» — con un desconocimiento absoluto sobre mis libros — y de ser, al mismo tiempo, el «mentor del presidente»(13). Una oportunidad única ¡Un «antisemita» influye sobre el presidente!

Por supuesto que no soy ni «antisemita» ni «neonazi». Recientemente una revista «seria», la pretendida versión en lengua española de *Foreign Affairs*, (Política Exterior, Madrid, noviembre-diciembre de 1999, p.32, Vol.XIII, N° 72) me definió como «montonero», la «ultraizquierda del peronismo en los años setenta») (14).

Soy, eso sí, un crítico del Estado de Israel y de las organizaciones judías internacionales, a las cuales dediqué mis últimos libros. Me considero parte de un nuevo revisionismo que tiene por objeto demostrar :

1. que una parte importante del relato canónico de la deportación y de la muerte de los judíos bajo el sistema nazi ha sido arreglada en forma de mito.

2. que dicho mito es utilizado hoy en día para preservar la existencia de una empresa colonial dotada de una ideología religiosa (monoteísta y místico-mesiánica): la desposesión por Israel de la Palestina árabe.

3. que ese mito es asimismo utilizado para chantajear financieramente al Estado alemán, a otros Estados europeos y a la propia comunidad judía en los Estados Unidos de América y de otros países con diásporas significativas.

4. que la existencia de tal empresa política (Israel: un poder concretado en el monopolio de monoteísmo, e implementado por un ejército, varias policías, cárceles, torturas, asesinatos, etc.) busca consolidarse por una serie de manipulaciones ideológicas en el seno del poder hegemónico de los Estados Unidos, que procura por cualquier medio hacerse aceptar como amo del mundo, mediante el terror generalizado y además mediante prácticas disuasivas y persuasivas.

Mi caso es un «testigo» que muestra cómo los revisionistas se van convirtiendo, a pesar suyo en ciertos casos, en un elemento de importancia creciente, en la deconstrucción de las ideologías que sostienen estas empresas hegemónicas.

Entre todos los sentidos que se le ha dado a la palabra «revisionista», se trata de señalar principalmente el que distingue a los historiadores y científicos sociales que consideran comprobado el hecho de que no hubo — en ningún caso — (en los campos de concentración alemanes de la época del Tercer Reich, incluido el territorio no alemán administrado militarmente por Alemania) uso de gases homicidas que supuestamente se operaban en recintos llamados «Cámaras». Junto con muchos otros expertos, químicos, por ejemplo, el revisionista considera, en consecuencia, que no existe cifra definitivamente establecida para evaluar las pérdidas humanas en las comunidades judías durante la segunda guerra mundial pero que, en todo caso, la de seis millones de personas es absolutamente desmesurada y contrapuesta a la ofrecida por los registros de la Cruz Roja Internacional (150.000 muertos — judíos y no judíos, del comienzo al fin de la guerra — en Auschwitz-Birkenau).

El 21 de septiembre de 1989 la ex agencia oficial soviética Tass hizo públicos los archivos de Auschwitz y de otros campos de concentración alemanes. Allí constan los registros de los prisioneros y de los fallecidos, uno a uno. Desde 1939 hasta 1944-45 hubo un total de 300.000 prisioneros en Auschwitz y también un total de 74.000 fallecidos en el mismo campo. Los soviéticos no especifican cuántos de ellos eran judíos, aunque sí señalan que más de la mitad de esos fallecimientos se debieron a desnutrición, tifus y otras enfermedades (que por lo demás eran compartidas con el resto del pueblo alemán, tanto civil como militar). Por lo tanto durante unos cinco años habrían sido asesinados en Auschwitz (y no necesariamente por las autoridades alemanas del campo, sino por las «mafias» que lo gobernaban en el interior), no cuatro millones de personas (en su mayoría judías, según el mito), sino algo menos de 40.000, entre judíos y no judíos. Sin duda alguna un horror. Pero recordemos que durante la misma guerra, y solamente en Hamburgo, en una sola noche de bombardeo aliado, murieron asesinados 48.000 civiles alemanes, en su mayoría niños, mujeres y ancianos (para no hablar del genocidio de Dresden).

Desde la óptica «holocáustica» no hay ninguna posibilidad de hacer ni historia ni arqueología, en su más estricta definición académica. Pasados 55 años desde el final de la segunda guerra en su frente occidental, y abiertos los archivos de Moscú hace ya una década, no existe aún, ni existirá jamás ningún documento ni resto físico o químico que demuestre la existencia de las «fábricas de la muerte» tal como se ven en las películas de Hollywood, imaginadas bien a partir de novelas, o bien a partir de «memorias» de testigos indirectos.

El análisis revisionista ha demostrado hasta la saciedad que esas «memorias», que pretenden reemplazar a documentos inexistentes (como por ejemplo órdenes de exterminio [oficiales o extraoficiales], presupuestos económicos para construir «fábricas de muerte», diseños o representaciones creíbles del «arma del crimen», procedimientos administrativos para ejecutar tan vasto y único crimen, etc. etc.), o bien están basadas en hechos falsos, o bien en testigos directos de dudosa credibilidad. Es imposible, además, reconstruir los hechos históricos a partir de la pura «memoria». Por otra parte sabemos con absoluta precisión de dónde (de qué «campos», exactamente), y qué factores provocaron la muerte de personas que muestran ciertas fotografías que se exponen como «pruebas» en el mundo entero desde finales de la segunda guerra.

Es por eso que los revisionistas tienen una buena noticia que darle al mundo: la maldad humana absoluta (como p.e. el «jabón judío» presentado como «prueba» por los soviéticos en esa aberración jurídica que fue el Tribunal Militar Internacional de Nuremberg), inventada para definir una etapa de la historia de Europa, y en especial de Alemania, definitivamente no existe; la historia real humana no es un duelo entre ángeles y demonios (15).

Los revisionistas reclaman la aplicación de los métodos de rutina en historia para estudiar los acontecimientos que condujeron al origen y al fin de la segunda guerra mundial, porque constituyen el fundamento común de la historia de nuestro tiempo. El revisionismo no es político y no tiene línea política. El revisionismo es lo común y corriente para cualquier historiador serio. Es lo que distingue la historia del dogma religioso. En un dogma, la verdad ha sido establecida y autentificada de una vez por todas. No hay lugar para la duda. La mente humana anhela las certidumbres y puede encontrar consuelo y amparo en unos dogmas establecidos — en el «mundo antiguo» — desde mucho antes de la aparición de los primeros síntomas del llamado «monoteísmo».

La historia en cambio es una tentativa para comprender el pasado desde el punto de vista del presente. Queremos conocer y comprender, con nuestras palabras propias, lo que sucedió hace veinte, cincuenta, quinientos años. Lo que nuestros antecesores hayan entendido no es más que un elemento del cuadro que nos interesa. Pensamos que debemos revisar el juicio de aquéllos a la luz de nuestro propio modo de pensar y con el aporte de los documentos de los que disponemos, y que posiblemente consideremos con un enfoque diferente. Nuestra comprensión forma parte de un caudal que no termina de modificarse. Esto vale para la forma en que consideramos a Atila o a Julio César, vale también en lo tocante al Renacimiento italiano o a la Revolución francesa. A la colonización española de América, Meridional y Septentrional, y a la Inquisición. Es inevitable que un día ocurra lo mismo para lo relativo a la segunda guerra mundial y a los inmensos sufrimientos que provocó en nuestro pequeño universo europeo.

Nunca antes en mi vida había percibido el «problema judío» hasta el momento que descubrí, empíricamente, que los llamados «atentados terroristas de Buenos Aires» (1992 y 1994, a cuyo estudio dediqué hasta el momento cuatro libros(16)) correspondían a una crisis interna del Estado de Israel y no a la acción de un supuesto «terrorismo islámico». Fue en ese momento, a partir de 1995, que «los judíos» irrumpen en mi vida. «Los descubría de pronto no tales como los había conocido hasta entonces, es decir como individuos distintos unos de otros, sino como elementos imposibles de desprenderse unos de otros, un grupo unido por el odio, y para usar el término que prefieren, la «cólera». Frenéticos, echando espuma por la boca, en tono que combinaba el gemido y la amenaza, me venían a gritar que mis trabajos los erizaban, que mis conclusiones eran falsas y que tenía que rendir pleitesía a su propia concepción de la historia. Los responsables de estas asociaciones me tratan a menudo de «nazi», cosa que no soy. Más bien, soy, en mi relación con ellas, un «palestino», tratado como tal e inclinado a creer que los judíos en la diáspora tratan a los que les caen mal como lo hace el Estado de Israel, a ojos del mundo entero, a los palestinos en Palestina. Si se quiere mis escritos son las piedras de mi Intifada. Y francamente no descubro diferencia esencial entre la conducta de los responsables sionistas en Tel Aviv o Jerusalén y la de los responsables judíos de París o Nueva York [Buenos Aires, Caracas, y la totalidad del «mundo occidental», NC]: la misma dureza, el mismo espíritu de conquista y de dominación, los mismos privilegios, sobre un fondo incesante de chantaje..» (Robert Faurisson, *Écrits Révisionnistes* (1974-1998), Vol 1, Introduction).

Hacia fines de febrero de 1999, el ministro de relaciones exteriores de Venezuela, José Vicente Rangel, me «acusó» de ser un «negador» del «Holocausto» (es decir: un «negacionista», que es el término con que los judíos designan a los revisionistas). Atacó mis declaraciones a las que definió de asquerosas y repugnantes, y yo le respondí, en su momento, intempestivamente, que él era un estúpido. Aunque en La Falsificación de la Realidad (op.cit.) ya hice un esbozo general de mi pensamiento, dejaré para un próximo libro una respuesta más acabada (17). Por el momento reproduciré, ante tamaña ignorancia de un tema capital de nuestra época, las opiniones de mi amigo, el sociólogo francés Serge Thion: «El revisionismo Histórico, que ha ganado todas las batallas intelectuales desde hace veinticinco años, cada día va perdiendo la batalla ideológica. El revisionismo choca con lo irracional, contra un pensamiento cuasi religioso, la negativa a tomar en cuenta lo que proceda de un polo no judío; estamos en presencia de una especie de teología laica de la cual Elie Wiesel es el gran sacerdote internacional consagrado por la atribución del premio Nobel».

El día 1 de diciembre de 1999, es decir a sólo 14 días de la histórica elección estratégica que realizó el pueblo de Venezuela, un jefe religioso judío, Pynchas Brener, rabino principal de la Unión Israelita de la comunidad judía residente en Venezuela, utilizando un lenguaje militar al mejor estilo de Josué, escribió una nota de opinión en «El Nacional», titulada «El rey está desnudo». Nadie que haya leído esa nota pudo dejar de percibir — porque ése fue el objetivo del autor — que el «rey desnudo» es el presidente Hugo Chávez. A quien el bueno de Brener — un «profeta del odio» sionista — le dedica explícitamente el último largo párrafo del escrito. En lo personal hacía muchos años que no había leído nada que destilara tanto odio: el «religioso» judío Brener toma parte activa en la política de los «nativos» y compara al comandante Chávez nada menos que con Hitler y con Stalin; plomo del supergrueso vomita Brener, exige sangre como Josué. Pero de acuerdo con Esdras, esa sangre será la de «los otros», la de los «nativos» y no la de los «elegidos»:

> Líderes carismáticos, pero pasajeros, tiranos de turno bajo el manto de un interés profundo por el trabajador y las clases desposeídas, tal como lo hicieran Hitler y Stalin, con demagogia, siguiendo las enseñanzas de Goebels (sic.), tergiversan la realidad, abusando de palabras como igualdad y oportunidad, cuando lo que siembran es el desequilibrio, la incertidumbre y la pobreza. Se nos quiere convencer de la propiedad y de la justicia del líder. El temor y la cobardía, la protección del hogar obliga a muchas personas a no disentir, incluso hasta apoyar. Pero tarde o temprano llega alguien que abre los ojos de la comunidad, y señala que ese líder carece de un designio claro para el crecimiento y avance de la sociedad. Sus promesas de un futuro mejor son sólo parte de una demagogia que, tarde o temprano, quedará al descubierto, de darse cuenta la sociedad que el rey estaba desnudo (Fuente: http://www.el-nacional.com/eln011299)

Hay un odio de clase pero sobre todo un odio racial, o genético, en este texto: los «indígenas» (bíblicos, del Antiguo Testamento) chavistas, cobardes, pobres y de piel oscura, serán despertados por un nuevo mesías blanco, rico, neoliberal e iluminado.

Dado que el judío-polaco Pynchas Brener es el rabino principal — la máxima autoridad religiosa y moral- de la comunidad judía residente en Venezuela, su opinión, por lógica, no es personal sino colectiva. La interpretación correcta del texto es — entonces — que toda esa comunidad señala al presidente Chávez como la reencarnación del «mal absoluto» (Hitler y Stalin), y al pueblo venezolano como cómplice (del mal) y cobarde (ante su propia malvada creación). Se debe suponer, asimismo, que tal concepto es también representativo de los «judíos por elección», como es el caso de José Vicente Rangel, quien hace unos pocos meses dijo: «Mi conducta en la vida se inspira en la epopeya del pueblo judío. Así he criado a mis hijos y a mis nietos. Es una epopeya que inspira la lucha por la vida, por la dignidad del ser humano» (Fuente: Congreso Judío

Latinoamericano, Boletín OJI, Nº668, mayo de 1999, E-mail: counselors@counsnet.com).

Un analista judío residente en Venezuela, Sammy Eppel, me definió como «. practicante de una de las disciplinas más despreciables del género humano, el Revisionismo Histórico.» (18). En el mismo sentido se expidió desde Nueva York Abraham Foxman, Director de la poderosa Liga Antidifamatoria (ADL): «Comentarios como el formulado por el señor Ceresole son característicos del movimiento de propaganda antisemita del revisionismo del Holocausto.» (Carta de la ADL al presidente Chávez, publicada en *El Universal,* el 6 de mayo de 1999).

Para las organizaciones judías los revisionistas somos Untermenschen, sub-hombres a los que no se les puede dar existencia: «No podemos debatir con esos sujetos., no podemos darnos el lujo de darles existencia. Cuando (en Francia) en Abate Pierre (en relación con el juicio contra Roger Garaudy) propuso que se organizara un debate entre historiadores para discutir las tesis negacionistas yo me opuse terminantemente, porque es inaceptable que estos señores puedan asistir a un debate en la radio o la televisión para justificar todas las atrocidades y absurdos que promueven. El día que sean tenidos en cuenta para un debate, habrán ganado la partida, y su «pensamiento» empezará a ser considerado como una escuela» (19).

La cuestión judía en Hispanoamérica (en la doble dimensión antes señalada) tiene una larga historia que no es posible analizar en este trabajo (20). Esa historia comienza con la Expulsión española de 1492. Pero desde la fundación del Estado de Israel en 1948, esa presencia judía — ya a nivel estatal — se especializa en cuestiones de seguridad. Es posible afirmar, sin ningún margen de error, que no existió ningún proceso insurreccional en Hispanoamérica, en las últimas décadas, que no haya tenido su otra cara, la contra insurreccional apoyada, siempre y en todos los casos, por «asesores israelíes» y por armamento israelí. Sobre este tema existe una abundante documentación que yo utilizo en otro de mis libros recientes. Esa historia, mitad contrainsurreccional y mitad negocios armamentísticos, tiene una expresión puntual en Venezuela y Colombia en estos momentos. En Colombia es público que la apoyatura contrainsurreccional de los llamados «paramilitares» — esos asesinos de poblaciones civiles sospechosas de apoyar a la guerrilla — son los «asesores israelíes». Se trata de un hecho de enorme implicancia para la política interior venezolana (el jefe de esa banda amenazó, desde Colombia, con perseguir hasta Caracas a los guerrilleros de las FARC y del ELN, al mismo tiempo que el jefe del Comando Sur del ejército de los EUA pedía al ejército venezolano «estrechar el cerco» sobre los irregulares colombianos). Simultáneamente las fuerzas armadas venezolanas estaban negociando con una empresa israelí la compra, nada menos, que de ¡misiles antimisiles! ¡Un país con el 86% de pobreza y ubicado fuera de cualquier zona de conflicto de alta intensidad estaba —

está — negociando comprar una tecnología propia de la guerra de las galaxias! Como ocurre en todos los casos, inexorablemente, la comunidad judía residente en Venezuela vino rápidamente en auxilio del Estado judío. Mientras el presidente Chávez — con absoluta cordura — se declaraba neutral respecto de la guerra civil del país hermano y asumía la realidad tal cual es (que hay dos partes beligerantes en Colombia), la comunidad judía lo atacaba asociándolo conmigo, con mi «antisemitismo». Sin mencionar, naturalmente, la escandalosa apoyatura israelí a los «paramilitares» colombianos. Todos los dirigentes judíos residentes en Venezuela corrieron rápidamente en auxilio de la estrategia norteamericano-israelí orientada a internacionalizar el conflicto colombiano, a partir del reforzamiento, como parte beligerante, de las bandas paramilitares del señor Castaño, quien prometió asesinar al mismo presidente de Venezuela.

Madrid, diciembre de 1999.

Capítulo 1. Caudillo, ejército, pueblo

Caracas, enero, febrero de 1999

La orden que emite el pueblo de Venezuela el 6 de diciembre de 1998 es clara y terminante. Una persona física, y no una idea abstracta o un «partido» genérico, fue «delegada» — por ese pueblo — para ejercer un poder. La orden popular que definió ese poder físico y personal incluyó, por supuesto, la necesidad de transformar integralmente el país y re-ubicar a Venezuela, de una manera distinta, en el sistema internacional.

Hay entonces una orden social mayoritaria que transforma a un antiguo líder militar en un caudillo nacional. La transformación de aquel líder en este caudillo hubiese sido imposible de no haber mediado: 1) el golpe de Estado anterior no consumado y, 2) de no haberse producido la decisión democrática del pueblo de Venezuela del 6 de diciembre de 1998. Es una decisión democrática pocas veces vista en la historia moderna lo que transforma a un líder «golpista» en un jefe nacional. Hubo decisión democrática (6 de diciembre de 1998) porque antes hubo una militarización de la política (27 de febrero de 1989 y su contraparte inexorable, el 4 de febrero de 1992). Esas tres fechas están íntima e indisolublemente unidas. El anterior golpismo — la necesaria militarización de la política — fue la condición sine qua non de la existencia de un Modelo Venezolano posdemocrático. De allí que no deba sorprender a nadie la aparición — en el futuro inmediato — de un «partido» cívico-militar, como conductor secundario — detrás del caudillo nacional — del proceso revolucionario venezolano.

Todos estos elementos [«Orden», o «mandato popular»; líder militar devenido en caudillo o jefe nacional; ausencia de instituciones civiles intermedias eficaces; presencia de un grupo importante de «apóstoles» (núcleo del futuro partido «cívico-militar») que intermedian con generosidad y grandeza entre el caudillo y la masa; ausencia de ideologizaciones parasitarias preexistentes, etc.] conforman un modelo de cambio — en verdad, un modelo revolucionario — absolutamente inédito, aunque con claras tradiciones históricas, hasta el momento subestimadas y denigradas por el pensamiento sociológico anglo-norteamericano.

El modelo venezolano no es una construcción teórica, sino una emergencia de la realidad. Es el resultado de una confluencia de factores que podríamos definir como «físicos» (en oposición a los llamados factores «ideológicos») que no habían sido pre-pensados. El resultado de esa confluencia de factores es un modelo revolucionario que pivota sobre una relación básica entre un caudillo nacional y una masa popular absolutamente mayoritaria, que lo designó a él, personalmente, como su representante, para operar un cambio amplio pero sobre todo profundo.

El modelo venezolano no se parece a nada de lo conocido, aunque nos recuerda una historia propia, que generalmente hemos negado por nuestra anterior adscripción y subordinación ante los tabúes del pensamiento occidental-racionalista (marxismo incluido):

- Se diferencia del «modelo democrático» (tanto liberal como neo-liberal) porque dentro de la orden popular (mandato) está implícita — con claridad meridiana — la idea de que el poder debe permanecer concentrado, unificado y centralizado (el pueblo elige a una persona (que es automáticamente proyectada al plano de la metapolítica) y no a una «idea» o «institución»). No es un modelo «anti-democrático», sino «pos-democrático».

- Se diferencia de todas las formas de «socialismo real» conocidas durante el siglo XX, porque ni la «ideología» ni el «partido» juegan roles dogmáticos, ni siquiera significativos. En todos los casos conocidos los partidos comunistas llegan al poder por guerra civil interior, guerra internacional o invasión militar.

- Se diferencia de los caudillismos tradicionales o «conservadores», porque el mandato u orden popular que transforma a un líder militar en un dirigente nacional con proyecciones internacionales fue expresado no sólo democráticamente, sino, además, con un sentido determinado: conservación de la cultura (independencia nacional), pero transformación de la estructura (social, económica y moral).

- Es distinto de los nacionalismos europeos de la primera posguerra, por algunos de los elementos ya señalados que lo diferencian del «socialismo real»: ni «partido» ni «ideología» cumplen funciones motoras dentro del modelo, aunque aquellos partidos nacionalistas hayan llegado al poder por decisiones originalmente democráticas (voto popular).

El modelo venezolano posdemocrático es una manifestación clara de que en la América de raíz hispánica existen fuerzas profundas que buscan diferenciarla de los modelos independentistas instaurados por las revoluciones inglesa y francesa del siglo XVIII. Los antecedentes de la posdemocracia venezolana deben buscarse en otros movimientos nacionales y populares, como el peronismo argentino, que siempre gobernó dentro del sistema democrático (ni un sólo día dejaron de funcionar los tres poderes de la dogmática liberal), pero requiriendo permanentemente la participación de un pueblo dignificado y de un ejército nacionalizado e industrializado (21). Es asimismo irresistible comparar la posdemocracia venezolana con el proceso de la revolución cubana: desde la caída de Moscú lo único que hoy queda vivo en ella es la acción pertinaz de un caudillo que aglutina al pueblo-nación. Sin ese cemento implosionaría la totalidad del sistema: después de cuarenta años de experimentos nada quedaría en pie a los pocos minutos de la eventual desaparición del caudillo. En ese sentido, también, la posdemocracia venezolana es una tradición fuertemente arraigada en la cultura política hispano-criolla.

Liberales (y neoliberales) y marxistas de todo tipo buscarán atacar al modelo venezolano — simultánea o alternativamente — desde dos ángulos que ya han sido perfectamente diseñados. Los primeros exigirán la «distribución o democratización del poder», y los segundos la «participación popular», en el sentido de sustitución (reemplazo) de «líder» (concreto, físico) por «pueblo» (abstracto, genérico). Por lo demás, y en toda lógica, la distribución o licuación del poder parece casar muy bien con la idea de «participación popular». Y ello es así en la exacta medida que el marxismo representó, en la historia de las ideas, la exacerbación (su puesta en el límite) del Iluminismo y sus concecuencias: el racionalismo y el positivismo.

Los primeros exigirán desmontar el «presidencialismo», potenciar el corruptor pseudo caudillismo local (gobernaciones, municipalidades, etc.), reforzar los poderes legislativo y judicial, liquidar el «centralismo» del Estado y, finalmente, diluir su poder para insertarlo en el «Nuevo Orden Mundial». Los segundos buscarán fundamentar la falsa idea y la demencial esperanza (nunca jamás verificada en la historia) de que puede existir «participación popular» sin liderazgo físico y personal, sin «dialéctica» masa/caudillo, o que esa participación puede (y debe) buscarse fuera o independientemente de esa relación entre los dos polos centrales del modelo: el caudillo y la masa.

Esas serán las dos vías básicas de la contrarrevolución venezolana. Ambas ya están activadas y se están manifestando con mucha fuerza en torno a la Constituyente, pero ahora los intentos por desvirtuarla ya no se manifiestan como oposición a la misma, sino como impulsos orientados a su desnaturalización.

La Constituyente

Los desnaturalizadores pretenden que la Constituyente deje de ser una instancia imprescindible para racionalizar administrativamente el poder, y se convierta en un mecanismo de «distribución» o licuación del poder. Es decir, en proceso entrópico que produzca una pérdida acelerada de energía política. Y ello, curiosamente, a muy pocos días de haberse pronunciado el pueblo venezolano, mayoritaria y contundentemente, por todo lo contrario: la concentración y la centralización del poder.

Dada la existencia ineludible de ese mandato, la Constituyente no puede ser un «proceso independiente» de la orden popular ya emitida el 6 de diciembre de 1998, sino parte indesligable de la misma. Para que ello sea así, los constituyentes — en tanto personas físicas — deberían ser, exclusivamente, los «amigos del pueblo», los «apóstoles» del presidente, por él designados y, luego, consensuados por el pueblo, con un «sí» o un «no» definitivo (22).

En el Modelo Venezolano el poder emerge fundamentalmente de la relación Caudillo-masa. Existen otras instancias y niveles en donde también se produce poder, como los cuadros de conducción que hemos denominado «apóstoles». Ese poder así producido debe comprenderse como un objeto físico que, al fracturarse o «distribuirse» o disolverse, se «gasifica» y, automáticamente, se licúa y diluye. La des-concentración del poder fue siempre el antecedente inexorable de la muerte de cualquier estrategia social antisistema, cualquiera haya sido su signo ideológico, su «tempo» histórico o su campo de aplicación (nacional o internacional). La concentración de poder es imprescindible para la producción de poder con un entorno exterior agresivo, ya que el Poder es la principal escala de medición de toda acción política — incluyendo el pensamiento político — en cualquiera de sus niveles.

Queda pendiente, naturalmente, el tema final de la distribución del poder, que se puede convertir en prioritario por la muerte del líder y/o la desaparición de las instancias dramáticas que entornan actualmente al modelo, correspondan estas a la política interior o la política internacional. Pero eso ya sería tema de otra circunstancia, muy distinta a la que afecta actualmente a Venezuela. El problema que se le plantea a las sociedades y a las fuerzas políticas ubicadas en los «mundos» del no/occidente y de la periferia de occidente es cómo enfrentar una crisis internacional inédita que día a día generará condiciones crecientes de excepcionalidad.

En última instancia la acción y el pensamiento políticos deberían poder representarse como una matriz de producción de poder, en la cual cada «política», cualquiera fuese su escala — municipal, provincial, nacional, regional e internacional -, o su naturaleza -social, cultural, económica, militar, etc-, pueda ser comprendida como un input de un sistema capaz de producir un output llamado poder (23).

La finalidad última de toda estrategia es organizar la interconexión óptima entre cada componente de la matriz, lo que conlleva a incrementar el poder de una determinada «unidad» política: como p.e., el Estado/nación. La forma de incrementar el poder -entendido como producto final de una matriz- es aumentando la cantidad y calidad de insumos — «políticas» — que ingresan al sistema, pero sobre todo, estableciendo una determinada calidad de relacionamiento entre ellos.

Desde el inicio, la forma institucional que adopta el poder adquiere una importancia extraordinaria, ya que ella es uno de los factores centrales que hace a la capacidad de generarlo, acumularlo e incrementarlo. Existen dos formas institucionales polares para administrar el poder en cualquiera de sus fases (generación, acumulación e incremento): la forma concentrativa y la forma distributiva. Sólo en sus expresiones distorsionadas y dependientes, la forma concentrativa es una «dictadura» y la forma distributiva es una «democracia».

Las formas concentrativas que adopta el poder pueden estar basadas en presupuestos distintos: de «clase», de «raza», de «nación», de «destino», etc., pero en todos los casos y circunstancias esas formas emergen en circunstancias excepcionales, críticas o límites. Siempre existe la mediación de una circunstancia dramática de la historia. Generalmente se da por sobreentendido que las formas distributivas del poder nacen todas en el Iluminismo que entorna a las revoluciones inglesa, norteamericana y francesa. Ello es relativamente cierto en términos de cultura «occidental». Es un hecho que en los amplios espacios y en las crecientes concentraciones demográficas del mundo «no-occidental» y en la misma «periferia de Occidente» (»mundo» al cual pertenecemos) la democracia Iluminista no ha funcionado ni funciona en términos de sistema político distributivo. Tradicionalmente se planteó como alternativa a esa inviabilidad largamente comprobada la implantación de dictaduras coherentes y cooptadas por las potencias hegemónicas respectivas.

De hecho en el no-Occidente y en la periferia de Occidente nunca — o casi nunca — la «democracia» tuvo un contenido estratégico opuesto a la «dictadura». Existió más bien continuidad entre ambas formas de administrar el poder porque las «democracias» no fueron ni son distributivas (hacia dentro) y las «dictaduras» fueron y son concentrativas sólo «hacia fuera» (en función de un presupuesto estratégico externo señalado, en cada caso, por la potencia hegemónica).

Ello exige precisar bajo qué formas institucionales esas fuerzas políticas, alejadas y/o expulsadas de los cinco principios básicos que determinan al «nuevo discurso político» (abdicación, adscripción, servicio, continuidad y conservadurismo), bajo qué formas ellas pueden administrar el poder interior (y hacia el exterior) en condiciones críticas de excepcionalidad creciente. Una postura eminentemente «democratista», en el sentido occidental del concepto (dado el entorno regional e internacional antes señalado, al nuevo tipo de agresiones que hoy sufre Venezuela, y a su creciente vulnerabilidad dependiente) conducirá no a una verdadera distribución «democrática» del poder (»hacia abajo»), sino a su dispersión, licuación y anulación. La dispersión del poder es lo opuesto a su distribución. «Democracia» y «dictadura» se continúan una a otra para producir una curva decreciente en el proceso de producción de poder.

Soslayar ambas formas «occidentalistas» de administrar el poder significa incursionar en el campo de la propia historia. En nuestro caso hispanoamericano, revalorizar positivamente el fenómeno de la «democracia inorgánica», o del caudillismo como una forma específica de liderazgo. La proyección hacia el futuro de formas políticas que en nuestro pasado iberoamericano tuvieron un indudable fundamento de legitimidad es una operación absolutamente lícita, dada la crisis actual que sufren los sistemas «occidentales» de representación política.

Puede ser imaginada una «democracia inorgánica» para el futuro, relacionando los conceptos de «participación» y de «territorialidad». La «democracia inorgánica» de nuestro siglo XIX iberoamericano era un sistema político legítimo, y en la mayoría de los casos, justo. Fue atacado desde el liberalismo y desde el «progresismo» en nombre de la «democracia» y de la «revolución», respectivamente. Pero de una y la otra hoy sólo quedan ruinas y corrupción.

En este marco conceptual, la corrupción debe tratarse como una cuestión específica que incide en las curvas decrecientes de producción de poder. La corrupción no es un fenómeno moral individual asintótico al sistema, independientemente de la forma que éste adopte, la «democrática» o la «dictatorial». Es un componente estructural inherente a todos los procesos entrópicos de pérdidas de poder, aunque éstos se produzcan bajo la «dictadura/democrática del partido del proletariado».

No es posible siquiera pensar en la posibilidad de un cambio, de una transformación interior (no digamos de una revolución interior) sin un proceso simultáneo de concentración de poder. La concentración de poder, inevitablemente, es directamente proporcional a la intensidad del cambio. Cuanto más cambio más necesidad de concentración. La naturaleza de la concentración del poder está referida a la «transpoliticidad» del proceso. Es decir: en él intervienen de forma muy intensa factores sociales, culturales, históricos, étnicos e institucionales ubicados más allá de los «partidos».

La concentración del poder dentro de la historia reciente

Para el caso venezolano la concentración del poder es aún más importante, si cabe, dada las particularidades del proceso militar que tiene como eje el alzamiento del 4 de febrero de 1992.

Para empezar existen datos inquietantes, que señalan inequívocamente el carácter inducido de ese alzamiento militar. Todos los comandantes que se insubordinan tenían en ese momento — inexplicablemente — mando de tropas, lo que constituye un hecho absolutamente insólito, cuando todos los servicios de inteligencia (DIM y DISIP, especialmente) conocían perfectamente los alcances y ramificaciones de la conspiración. Se trata sin duda de un hecho anormal en la historia internacional de las conspiraciones militares. Existe una razonable cantidad de argumentos que permiten pensar que había «otro» golpe detrás del golpe visible del 4 de febrero de 1992. Luego, tanto en la prisión de Yare como en la de San Carlos, comienzan las disidencias políticas entre los conspiradores ya encarcelados.

Definitivamente no hubo un «partido» verticalizado o militarizado detrás del proceso sino, sobre todo, la voluntad indomable de una persona física: el teniente coronel Hugo Chávez Frías. Las disidencias más importantes

— las que luego se fueron reproduciendo hasta el mismo día de hoy — las
tuvo Chávez con muchos de sus propios compañeros de prisión, un grupo
significativo de oficiales «moderados». Como la radicalidad política no fue
la ideología de todo el grupo militar insurgente, sino de una minoría dentro
de ese grupo, las tensiones comenzaron a aflorar muy pronto dentro de
los alzados ya encarcelados (en Yare y en San Carlos). Los sectores más
«moderados» buscaron muy pronto una alianza con el gobierno de Rafael
Caldera. De hecho la consiguieron, obtuvieron sus premios, y
prácticamente aislaron a Chávez, que durante un largo tiempo navegó por
la política venezolana en casi total soledad, aunque siempre protegido por
el calor del afecto popular, ganado definitivamente el 4 de febrero de 1992,
que fue la respuesta militar al «caracazo» del 27 de febrero de 1989.

Luego de las disidencias vino la libertad de los conspiradores, decretada
por el ex presidente Caldera. De ella emerge un Chávez en completa
soledad política. Un dirigente militar aislado que comienza a recorrer los
caminos de Venezuela. Es allí donde comienza a fraguarse la relación
directa y física entre el líder y su pueblo: sencillamente, en esos tiempos,
no había nadie entre ellos.

Es en ese punto de la trama cuando yo tomo contacto personal con el
comandante. En esos tiempos recorrimos juntos, varias veces, casi toda la
geografía venezolana, en un periplo que había comenzado en la lejana
Buenos Aires y, luego, continuado en Santa Marta, Colombia. Pude ver,
en la práctica, cómo funcionaba el «carisma», algo que yo había estudiado
«en los libros», pero que no había visto casi nunca en la realidad. Pude
ver — en definitiva, y en una época de «alto riesgo» — a un político
excepcional luchar contra las grandes adversidades de la historia y las
pequeñas miserias de la vida cotidiana.

En su origen, entonces, el Modelo Venezolano se basó en la radicalidad
de una fracción de un grupo militar — y, dentro de él, de un líder militar —
que fue interpretada positivamente por el pueblo con la velocidad de la luz
y la fuerza de un huracán tropical. Esa radicalidad militar, no exenta de
una fuerte carga nacionalista, es asumida como política alternativa por el
pueblo de Venezuela.

Durante años Chávez carece de «partido». La fundación posterior del
Movimiento Quinta República (MVR) obedeció a un propósito meramente
electoral. Ese movimiento fue la consecuencia de una decisión finalmente
asumida: concurrir al proceso electoral. Cuando se aproxima el desenlace
electoral del 6 de diciembre de 1998 ya es perceptible en Chávez un
cambio de lenguaje, de actitud y de selección de amigos y colaboradores.
La radicalidad inicial se va transformando en «realismo político». El
tránsito de una a otra posición obedece a una lógica intrínseca de la
política de poder y fue, es y será la condición ineludible para acceder al
gobierno por «consenso democrático», en cualquier tiempo, latitud o
altitud.

Hugo Chávez no pudo haber llegado nunca a presentar su candidatura electoral — no ya a ganar unas elecciones — si no hubiese habido algún tipo de negociación previa, tanto en el plano internacional como en el nacional. Negociación significa compromiso. Hugo Chávez llega a presidencia de Venezuela por la vía del compromiso. En términos reales la otra alternativa era su desaparición física. ¿Esto quiere decir que Hugo Chávez es un nuevo Menem? Plantear esta similitud es un ejercicio enormemente atractivo, no porque existan perfiles psicológicos parecidos, sino porque en ambos casos se trata de aprovechar una enorme masa de legitimidad histórica acumulada — en el caso argentino, el peronismo — en beneficio de una política contrapuesta con los motivos fundacionales de ambos movimientos (24).

Es así que el chavismo tiende ahora a escindirse entre los «establecidos», que buscan potenciar las tendencias «moderadas» (neoliberales) de los últimos tiempos, y los «radicales», que buscan reconstruir los elementos fundadores del movimiento militar. Es así que — por ahora — dentro de la política interior venezolana, no se plantea la búsqueda de una alternativa a Chávez. Los grupos chavistas más ortodoxos intentan una acumulación de poder para lograr constituirse en apoyaturas para que Chávez pueda evadirse — algún día no muy lejano — de un compromiso que fue necesario adquirir. El límite de esta política es, naturalmente, la guerra civil. El otro sector es el que acepta complacido las decisiones de continuidad. Ambas facciones — aún — no están absolutamente escindidas, en el sentido de que ambas buscan la legitimidad del «paraguas carismático». Unos para reforzar las decisiones de continuidad; otros para intentar revertirlas. Todos buscando el amparo del líder.

La fracción continuista pretende convertir a Chávez en un nuevo actor de un viejo libreto. Pretende orientarlo en la dirección de «ganar tiempo»; impulsándolo, con pretendida sigilosidad, hacia el plano de la falsa astucia, fingiendo que, por esa vía, al final, se logrará engañar al enemigo (25).

En el plano internacional ello significa la aceptación de ciertas reglas no escritas de «buena conducta». Con un comandante así reconstituido, Venezuela no se convertirá, por supuesto, en un conflicto internacional. Es decir, en una fractura geopolítica, ni siquiera leve. En el plano interno la fracción conservadora representa una negativa a «explotar el éxito», es una actitud que en la práctica vuelve a poner en pie un sistema político que había sido literalmente pulverizado el 6 de diciembre de 1998. Sin duda alguna ese «partido» pretende que Chávez recorra el camino del «reconocimiento» exterior y del «apaciguamiento» interior. Una línea de absoluta continuidad con la anterior historia política y económica de la Venezuela puntofijista.

El hecho es que, hoy, no existe ni puede existir oposición a Chávez. Mejor dicho, la opción a Chávez es una sangrienta y destructora guerra civil.

Esto todos lo saben o al menos lo intuyen. Chávez constituye la única opción de gobernabilidad para una Venezuela que unos proponen transformar pero que otros sólo necesitan maquillarla — eso sí — con toda urgencia. Para presentarla ante los ojos de su pueblo y del mundo como si estuviese transformada, cuando en realidad sólo estará pos-modernizada. Es decir, apta para ingresar en la sección sudamericana de ese cementerio de pueblos llamado «Nuevo Orden Mundial».

Pero esa opción de continuidad pretende ignorar la existencia de una historia, la presencia de una relación líder-masa que se ha constituido en el hecho determinante de la historia contemporánea de Venezuela. Así, en estos términos concretos, y en esta pequeña parte del planeta tierra, está planteada la vasta dialéctica de este duelo global entre los orgullosos y los humillados.

La internacionalización del conflicto colombiano

Veamos ahora el marco regional, dentro del cual Venezuela aparece ante el observador con serios problemas. En el «frente andino», Colombia continúa su camino sin retorno hacia una guerra civil ampliada y generalizada que provocará inexorablemente una intervención militar — unilateral o multilateral — externa. Cada día con mayor claridad se hace evidente la incapacidad del ejército colombiano para dominar militarmente la situación. Las fuerzas armadas colombianas se encuentran en una situación sin salida, ya que si dispersan sus fuerzas persiguiendo a la guerrilla, en todos y cada uno de los teatros de operaciones rurales, la guerrilla — o, mejor dicho, los ya poderosos ejércitos irregulares rurales — en un rápido movimiento, estarían en condiciones de ocupar los principales centros urbanos del país, Bogotá incluida.

La insuficiente capacidad militar del Estado —o, lo que es lo mismo, la creciente capacidad militar y política de las fuerzas irregulares (26) — es lo que originará la intervención final de otros Estados y de otros ejércitos, que deberán penetrar necesariamente en Colombia. Esos movimientos militares de los países vecinos — Perú, Ecuador y la propia Venezuela — ya han comenzado. Pero mientras tanto se incrementan las acciones de los «paramilitares» — totalmente conscientes de la deficiencia militar básica antes señalada -, que cometen sus crímenes contra una población civil inerme, supuesta base política de los movimientos armados irregulares. Esos «paramilitares» son asesorados — de manera cada vez más activa y pública — por «profesionales» israelíes: «expertos» en seguridad y contra-guerrilla. Los mismos que vienen actuando en tareas de contrasubversión , en Suramérica, desde hace aproximadamente tres décadas. La cada día más crítica situación colombiana limita severamente la proyección andina de Venezuela. Por motivos distintos, también existen interferencias serias con su proyección amazónica. La crisis social, económica y financiera que afecta hoy al Mercosur tornan problemática esa apertura hacia el sur. Además tenemos el ejemplo argentino. Gracias al Mercosur la Argentina ha logrado convertirse en el segundo Estado más importante. de Brasil, después del Estado de San Pablo.

Estas limitaciones regionales no son en absoluto definitivas, pero actuarán, en todo caso, limitando opciones, sobre la política interior venezolana.

Capítulo 2. Cambios y conflictos

Caracas, enero, febrero de 1999

La complejidad, intensidad y amplitud de los problemas que afectan a Venezuela, en la actualidad, es enorme. Esa complejidad, intensidad y amplitud es el producto de que sobre este país, sometido a un fuerte proceso de cambio, inciden simultáneamente dos sistemas de factores a los que normalmente se los suele analizar y procesar en forma separada: los internos y los externos.

Venezuela está viviendo una situación revolucionaria, es decir un intenso período de cambios internos. Inexorablemente esos cambios internos provocarán conflictos externos. Esos conflictos externos serán, en parte, proyecciones exteriores de una resistencia interior — visceralmente opuesta al gobierno popular-militar — que es impotente para enfrentar los cambios desde adentro. Cambio interior y conflicto exterior son, entonces, los dos polos inexorables de una misma ecuación estratégica.

Las presiones internas y las campañas externas en contra del presidente Chávez irán en continuo aumento. Sin embargo, las acciones en contra del presidente Chávez que no se puedan realizar desde el interior de Venezuela, que serán la mayoría de ellas, se intentarán desde el exterior del país, por el mismo sistema de complicidades por todos conocido. La capacidad del presidente Chávez para enfrentar internamente una oposición cada vez más ilegítima son muy grandes, casi totales. Pero sucede lo inverso en el plano internacional. Su capacidad para enfrentar conspiraciones que adoptarán el camino exterior (bajo la forma de «estrategia de aproximación indirecta») es, en cambio, casi nula. Por lo tanto ese será, sin duda, el camino de la conspiración contra la transformación de Venezuela y contra las proyecciones estratégicas que el modelo venezolano producirá sin duda en todo el mundo Hispanoamericano.

En este momento no existen en Venezuela ni las ideas ni las instituciones con capacidad para medir los impactos estratégicos que producirá el proceso venezolano en el mundo. No existe la capacidad para relacionar los cambios internos con los conflictos externos. Ello podría limitar la calidad y la intensidad de los cambios internos, aduciendo o temiendo falsos conflictos externos. O podría precipitar el desarrollo de cambios internos innecesarios o secundarios, pretextando que ellos producirían conflictos externos, que en la práctica son poco probables. En verdad, existe una amplia gama de cambios internos de alta significación histórica que se pueden realizar con un mínimo de conflictos externos. Por el contrario, cambios internos de poca significación podrían producir impactos exteriores altamente negativos. Debe ser analizada, sobre todo, la siguiente opción: la necesidad de amortiguar conflictos externos producidos a partir de la implementación de cambios internos impostergables pero altamente impactantes en el exterior.

Personalmente estoy convencido de que el presidente Chávez deberá terminar de pulverizar, en un plazo de tiempo relativamente corto, al viejo y corrupto sistema político venezolano y a prácticamente todas las instituciones que lo articularon en el tiempo «democrático» del Pacto de Punto Fijo. Ello significa que las circunstancias que se avecinan lo obligarán a asumir — de una manera cada vez más explícita — un liderazgo personal sobre la totalidad del proceso venezolano. Los acontecimientos internos lo obligarán (y no sólo simbólicamente) a llevar el uniforme militar con cada vez mayor frecuencia, porque sólo un «partido» cívico-militar podrá actuar con eficacia — ya está actuando como situación de facto — entre el líder y la masa.

El impacto de esta situación será enorme dentro del actual sistema internacional. Particularmente en la Europa socialdemócrata, en los EUA y en el resto de Hispanoamérica. Se deberán adoptar, en consecuencia, medidas muy rápidas tendentes a amortiguar ese conflicto; a hacer que él no perjudique — más de lo necesario — la evolución económica posterior de Venezuela. Para lo cual será necesario crear una red de solidaridades con el proceso venezolano a partir de personalidades, partidos políticos, organizaciones culturales y empresariales, etc., — en todo el mundo — destinada a legitimar esa transformación esencial — sine qua non — de la política interior venezolana.

Además está la cuestión de la proyección internacional de Hugo Chávez. En mi opinión existen hoy todos los elementos que permiten hacer de Hugo Chávez un líder de toda la América hispano-criolla. Pero eso no quiere decir que ese proceso de «internacionalización» del «modelo venezolano» se producirá automáticamente. Que caerá del árbol, simplemente, como una fruta madura. Esa proyección sólo podrá ser el resultado de un laborioso trabajo de edificación político-estratégico dentro de un entorno altamente favorable en casi todos los movimientos populares de la región. En términos de poder, la proyección regionalinternacional del liderazgo de Hugo Chávez le dará al proceso venezolano interior un grado de protección (contra conspiraciones interiores-exteriores) del que hoy carece.

De lo que se trata, en definitiva, es de elaborar una Inteligencia Estratégica que pueda ser utilizada por el Presidente de la República para el tratamiento de los problemas internos de Venezuela y, simultáneamente, en la valoración de los impactos externos que originará una determinada resolución de esos problemas internos. Contra lo que muchos analistas académicos sostienen, la naturaleza actual del sistema internacional posibilita maniobras y contramaniobras, alianzas y contra-alianzas mucho más intensas y profundas que las que se podían hacer en otras épocas. Pero será necesario encontrar los puntos de fractura para incidir sobre ellos y así lograr que esta Venezuela en proceso revolucionario se «filtre» por las grietas del sistema internacional y logre adecuados niveles de seguridad o de supervivencia.

En la base del proceso orientado a lograr un alto grado de protección para los cambios que se realizarán en Venezuela está el trabajo para «internacionalizar» — en todo el espacio hispanoamericano — la figura carismática de Hugo Chávez. Ello obedece a un principio esencial de la Estrategia: la respuesta más eficaz a las agresiones externas será el incremento del propio poder. A partir de la sucesiva ampliación de ese liderazgo originalmente venezolano, las agresiones provenientes de otras áreas del mundo podrán ser amortiguadas con mayor eficacia y, paralelamente, las necesidades de Venezuela — en Europa y los EUA, sobre todo — podrán ser resueltas con mucha mayor «liquidez». Se trata, en definitiva, de incrementar el poder de Venezuela en el mundo, que hoy es, en un sentido estricto, no-significante.

La campaña nacional e internacional contra la revolución venezolana ya se ha desatado. Y por el momento marcha victoriosa: el chavismo no dispone de una estrategia definida y, por ello, no dispone de los elementos ni de la percepción adecuada para neutralizarla. Su grandeza original será su principal debilidad futura: no existe una estructura organizativa — a excepción de unas fuerzas armadas sólo provisoriamente motivadas — con la capacidad para enfrentar y administrar los conflictos que ese proceso generará.

La inexistencia de esa estructura política es la causa principal de que el nuevo aparato del Estado se encuentre fracturado a partir de la creciente consolidación de grupos de intereses, la mayoría de las veces furiosamente contrapuestos entre sí. La mayor parte de esos grupos de intereses o lobbies que se han repartido el nuevo aparato gubernamental — cuya principal motivación parece ser el beneficio económico individual de cada uno de sus miembros — responden asimismo a intereses externos. De tal manera en la actualidad la mayoría de los servicios de inteligencia occidentales dispone de una exacta radiografía de lo que pasa en Venezuela, de una radiografía perpetuamente actualizada, día a día y hasta hora a hora. En estas condiciones se hace necesaria una vigorosa reacción por parte del presidente. Ella debería canalizarse:

1. Hacia la utilización del sistema nacional de inteligencia en tareas activas de «amortiguación de conflictos».

2. Hacia la pulverización definitiva del viejo sistema político «democrático» y hacia el desmantelamiento de la capacidad económica de esos grupos.

3. Hacia el desarrollo de una campaña internacional de afirmación de los valores positivos de la revolución venezolana, de aquellos que diferencian este modelo de otras experiencias internacionales anteriores.

Venezuela se ha convertido, tal vez por primera vez en su historia independiente, en un centro de interés estratégico dentro de la política mundial. Esa realidad geopolítica — en tanto proyecto aún a construir — es el producto, en lo fundamental, de la emergencia de un liderazgo absolutamente genuino y original. Hugo Chávez no sólo está en capacidad de conducir a Venezuela: podría ser, también, el referente obligado de las grandes masas desheredadas y de las Fuerzas Armadas humilladas de toda nuestra América hispano-criolla.

Venezuela es el país de Hispanoamérica donde con más fuerza se ha implantado la cultura de la Modernidad (revoluciones inglesa y francesa). Muchas veces el observador cree estar presenciando un culto pagano, que se desarrolla en torno a los héroes nacionales oficiales, muy al estilo de la cultura original de la revolución francesa. La idolatría (en un sentido estricto), y no tanto la historiografía, impregna la cultura de este país. En un sentido histórico profundo, la revolución venezolana es la prolongación de un mito histórico que nace en la sorprendente idea de que la «independencia» nacional fue, en las viejas provincias hispanas de América, una acción eminentemente «progresista». Se persiste en ver las guerras civiles que se inician en los comienzos del siglo XIX como el origen de una «guerra internacional contra una potencia ocupante» (una guerra de «Liberación», como luego se las llamó — ya en el siglo XX — y hacia finales de la Segunda Guerra Mundial); como si la Idea de Venezuela, con su mapa actual (27), hubiese estado ya explicitada en 1800 (28), en vez de haber sido — como en verdad lo fue — el resultado de acontecimientos no previstos y ciertamente manipulados por agentes históricos concretos. Venezuela, al igual que otras tantas «naciones» americanas de origen español, fue el resultado de la miseria de sus oligarquías dominantes, y no el efecto de la «grandeza de los pueblos que luchaban por su libertad». Los Mariscales de Bolívar fueron el calco sudamericano de los Mariscales de Napoleón. Ni los unos ni los otros pensaron en «liberar», sino en dominar. Pero a diferencia de los franceses, los Mariscales de Bolívar tuvieron como antecedente lejano a un Miranda que planificó en Londres, junto con Pitt, y en nombre del «progreso», la invasión británica a las provincias españolas americanas. «Provincias», porque el posterior calificativo de «Colonias» sólo sirvió para justificar hechos consumados, y convertir una guerra civil secesionista en una guerra «internacional de liberación».

En rigor de verdad, las guerras civiles en todo el espacio grancolombiano — y, luego bolivariano — representaron una doble secesión pero muy poco de «independencia». La primera secesión, respecto de España, provocó la ruptura de todos los tejidos sociales pre-venezolanos y el nacimiento de un siglo — el XIX venezolano — realmente catastrófico (29). La segunda secesión, respecto de la gran Colombia — el espacio bolivariano en sentido estricto — , fue un achicamiento histórico que sólo el petróleo, es decir, la pertenencia dependiente de Venezuela al mercado mundial capitalista (ya entrado el siglo XX), pudo atenuar y hasta ocultar. Ambas secesiones — es decir, la aparición de un mapa final que señala la existencia de una nación extremadamente joven — fueron el resultado de las manipulaciones, primero, de un pequeño grupo de «iluminados» pro-británicos y, luego, de una oligarquía caraqueña con visión no nacional, sino municipal. Esto es lo que se insiste en ocultar. ¿Cuál será entonces el futuro de una revolución montada sobre una sucesión de mitos históricos creados por un grupo social esencialmente conservador y secesionista? Con una «independencia» ficticia y con un precio a la baja del crudo, la revolución venezolana necesita urgentemente de una nueva fundamentación histórica. Esto es, de un soporte historiográfico que le otorgue viabilidad en un mundo que se fragmenta — una vez más — bajo la apariencia de la uniformidad.

Venezuela, más que ningún otro país «latinoamericano», necesita liberarse del manto de plomo que representó haber asumido la doble herencia de la revolución inglesa (pertenencia subordinada al mercado mundial capitalista) y de la revolución francesa (cultura política «ciudadana»). Ello significa admitir, en primer lugar, que la Modernidad inducida desde el Centro (Londres y París) no fue ningún «progreso», sino más bien todo lo contrario. Significa admitir que las guerras llamadas de «la independencia» no fueron sino simples guerras civiles-sociales devastadoras que le dieron el triunfo a una oligarquía siniestra, que se apresuró a generar una ideología histórica deforme con el único objeto de autolegitimar su poder, puramente militar, primero, y «democrático», después. Significa admitir que todas las ideologías alternativas que actualmente aporta la pos-modernidad — como por ejemplo el indigenismo — no son sino prolongaciones de la Modernidad original; es decir visiones en las cuales la España Negra — la gran creación mítico-propagandística de la confluencia anglo-judía que comenzó a elaborarse desde la Expulsión de 1492 — era el gran enemigo a combatir (30). La España Negra fue la contraparte de un Capitalismo Luminoso (británico), pero sobre todo «progresista»; y de una «fraternidad universal eterna» (Revolución Francesa), dos devastaciones globales que hoy pretenden prolongarse a partir del concepto de Nuevo Orden Mundial.

No asumir hoy estos significados representa permanecer en el mundo de la falsa identidad. Y ello es particularmente grave en un «tempo» en el cual el motor de los nuevos procesos históricos es, precisamente, la búsqueda de nuevas (viejas) identidades.

Para mí, hoy, estar en Venezuela es un privilegio que significa encontrarse, potencialmente, en el núcleo geopolítico y en el origen histórico, en el espacio y el tiempo, respectivamente, de una posible nueva época en nuestro mundo Hispano-criollo.

En efecto, estamos transitando la etapa final del doloroso proceso entrópico que sufren dos grandes mitos, los de mayor destructividad desde la época del «progreso indefinido» que impulsó el proyecto independentista. Ellos son: el mito del desarrollo (»económico») inducido (desde el exterior) y el mito de la «democracia» (también inducida [desde el exterior]). El primero destruye todos los tejidos sociales y morales de la sociedad; el segundo se encarga de legitimar esa barbarie con el manto de una falsa participación «ciudadana».

Si la vigencia del mito del «progreso indefinido» generó, en todos nuestros países hispano-criollos, casi un siglo — el XIX — de destrucción, los mitos del desarrollo inducido y de la «democracia» han producido, en mucho menos tiempo, en estos finales del siglo XX, no menos desgracias, bajo formas que tampoco excluyeron las guerras civiles limitadas. Las «guerras de liberación» pos-cubanas (por lo tanto, exceptuamos el caso colombiano) que desde los años 60 del siglo XX se planteó en nuestros países a partir de un duelo a muerte entre «ejércitos» y «guerrillas» (ambos meros apéndices de poderes globales bipolares), fue el antecedente necesario para la posterior devastación que provoca la hegemonía neoliberal; de la misma forma que las guerras civiles del siglo XIX — «independencia» incluida — fueron la conditio sine qua non de nuestra decadencia y balkanización, es decir, del inmediato dominio británico y norteamericano que se prolonga hasta nuestros días.

La forma que adopta — en cambio — el modelo venezolano, es el de la unidad nacional, el de la confluencia pueblo-ejército. Esto quiere decir que ese modelo podría ser el origen — en el tiempo — de una nueva época. A diferencia del modelo «democrático» neoliberal, el proceso venezolano plantea una exclusión justa y necesaria de nuevo tipo: la exclusión de las minorías oligárquicas. El neoliberalismo, en cambio, excluye y destruye a las mayorías y a su marco nacional. En el plano geopolítico — el espacio - , el modelo venezolano tiene una sola alternativa de supervivencia: su proyección hacia el resto del mundo hispano-americano. Estamos así en el punto de una doble convergencia: histórica y geopolítica — tiempo y espacio. Es por eso que estar en Venezuela, hoy, es estar con algo más que con Venezuela: es estar en el posible origen de la Patria Grande, nuestra vieja esperanza de todos nosotros.

Capítulo 3 La participación popular

Caracas, enero, febrero de 1999

Diálogo con Norberto Ceresole, realizado en el Hotel del Círculo de las Fuerzas Armadas, en Caracas, durante los primeros días de enero de 1999.

Iván Freites (31): Buenas noches Norberto. Queremos darte la bienvenida en nombre de todo el pueblo de Venezuela. Todavía recordamos cuando te expulsaron de aquí como si hubieses sido un delincuente, y nosotros no pudimos hacer nada para impedirlo. Ahora queremos comenzar preguntando cuál es tu interpretación sobre aquél incidente.

NC: El escándalo de mi expulsión de Venezuela en junio de 1995 puede ser ahora analizado con la claridad y la frialdad que ofrece la perspectiva del tiempo. Esa expulsión fue un atentado grave a la soberanía de Venezuela porque, no tengo ya ninguna duda al respecto, fue organizada y realizada por los agentes del Mossad (Inteligencia exterior israelí) que entonces controlaban la DISIP (policía política venezolana). Por aquel entonces yo ya había comenzado a publicar mis primeras conclusiones sobre los dos atentados terroristas de Buenos Aires (1992 y 1994) realizados contra dos instituciones judías. Mis primeras conclusiones, que son las que aún hoy mantengo, pero mucho más desarrolladas y fundamentadas (a lo largo de seis libros publicados en los últimos cinco años y de casi dos años de investigaciones sobre el terreno en muchos países del Oriente Medio y del Asia Central) fueron que esos atentados, supuestamente «antijudíos», habían sido cometidos por grupos judíos que operaban contra el llamado «Plan de Paz». Esos atentados de Buenos Aires pertenecen entonces, según mi opinión, a un mismo proceso terrorista que tuvo su punto culminante en el asesinato — cometido por judíos fundamentalistas — del general Issac Rabin, partidario, entonces, de ese funesto «Plan de Paz». Yo tuve el atrevimiento de señalar esa culpabilidad. Y por ello fui castigado, en Venezuela, por quien en ese momento era el Director General de Inteligencia de la DISIP, Israel Weissel.

El día de mi detención fui interrogado durante doce horas por el propio Israel Weissel. Por lo tanto tengo muy claro la naturaleza de ese

escándalo antivenezolano, pues se pretendió — en el fondo — implicar a
Hugo Chávez en una inexistente campaña «antisemita». Hace pocos días
estuve conversando con nuestro querido amigo común, el actual diputado
Fredy Bernal, quien también sufrió — en una escala mucho mas salvaje
que yo mismo — los interrogatorios del señor Israel Weissel, un ciudadano
israelí quien desapareció de Venezuela poco antes del gran triunfo
electoral de Hugo Chávez. Israel Weissel atentó contra Fredy Bernal y
amenazó la vida de su pequeño hijo en innumerables oportunidades. En
fin, todos ustedes conocen muy bien — mucho mejor que yo — quién era
Israel Weissel y cuán grande era el control del Mossad sobre la DISIP.

Para finalizar este punto quiero decir que al día de hoy no hay detenidos
en la Argentina en relación con ninguno de los dos atentados, que
costaron la vida a más de cien personas. Es la prueba concluyente de que
es totalmente falsa la hipótesis judía de la «culpabilidad islámica» que
habría operado en conexión con «grupos nazis» argentinos.

Ivan Freites: Sabemos que tú caíste prisionero en 1995 y que en ningún
momento firmaste ninguna declaración contra Hugo Chávez, como te
exigían tus interrogadores. Te mantuviste altivo y «arrecho». Ahora la
situación es muy distinta. Ahora tú eres el hermano querido del pueblo de
Venezuela. Pero dinos ¿Cómo perciben a Chávez fuera de Venezuela?

NC: Hay percepciones muy disímiles sobre Hugo Chávez fuera de
Venezuela. El mismo 7 de diciembre de 1998, por ejemplo, el diario
socialdemócrata español *El País*, que obedece a la mafia Carlos Andrés
Pérez-Felipe González, definió a Hugo Chávez como «un Hitler
sudamericano». Textual. No como un Stalin, o un Pol Pot, o un Castro.
Sino como un Hitler sudamericano. Este es un indicador que yo creo es
bastante significativo y que señala cuál será la opinión de un sector muy
importante de la comunidad internacional sobre el futuro gobierno.

Una opinión muy distinta tienen los pueblos de nuestros países
sudamericanos. Concretamente en la Argentina, que es de donde yo
vengo ahora, Hugo Chávez goza de un prestigio cada vez más amplio
dentro del movimiento popular. En especial los peronistas lo ven como a
un líder propio. Yo he escuchado decir: «Ése es el hombre que nosotros
necesitamos», «Queremos a alguien como Hugo Chávez». A mí me
parece que en Venezuela aún no existe una idea clara sobre esta
cuestión: las posibilidades que tiene Hugo Chávez para proyectarse
continentalmente son enormes. Habría que crear aquí un equipo de
trabajo para desarrollar este tema y actuar en consecuencia. Por primera
vez desde hace décadas vuelve a plantearse, en un país suramericano, la
alternativa de una alianza entre el ejército y el pueblo; la alternativa de un
«partido cívico-militar» dotado de un proyecto revolucionario. Yo fui uno de
los impulsores, en la Argentina de la década de los 60, de esta alianza
militar-popular que abortó, en los años 70, por el maximalismo delirante y

provocador de la guerrilla que choca, en la Argentina, con un ejército encuadrado en el «alineamiento automático» con los EUA.

Ronald Blanco La Cruz (32): ¿Cómo definirías tú el proceso venezolano a partir del 6 de diciembre de 1998?

NC: Es un proceso único. El pueblo de Venezuela generó un caudillo. El núcleo del poder actual es precisamente esa relación establecida entre líder y masa. Esta naturaleza única y diferencial del proceso venezolano no puede ser ni tergiversada ni mal interpretada. Se trata de un pueblo que le dio una orden a un jefe, a un caudillo, a un líder militar. Él está obligado a cumplir con esa orden que le dio ese pueblo. Por lo tanto aquí lo único que nos debe importar es el mantenimiento de esa relación pueblo-líder. Ella está en el núcleo del poder instaurado. Es la esencia del modelo que ustedes han creado. Si ella se mantiene, el proceso continuará su camino; si ella se rompe el proceso degenerará y se anulará una de las experiencias más importantes de las últimas décadas. Esa es la relación que hay que defender sobre todas las cosas. Por lo tanto será necesario oponerse con toda energía a cualquier intento que pretenda «democratizar» el poder. «Democratizar» el poder tiene hoy un significado claro y unívoco en Venezuela: quiere decir «licuar» el poder, quiere decir «gasificar» el poder, quiere decir anular el poder.

Sobre ese modelo habría que escribir un nuevo tratado de ciencia política. Para ello deberíamos quemar todo lo hasta ahora leído y aprendido. Ahora deberíamos comenzar por leer no un libro, sino la realidad. Esta nueva realidad. Sólo a partir de esta lectura podríamos llegar a formular una nueva definición de modelos políticos aptos para generar cambios nacionales dentro de un mundo que se encuentra en situación de emergencia. En Venezuela el cambio se canalizará a través de un hombre, de una «persona física», y no a través de una idea abstracta o de un partido político genérico. Repito: hay una orden explícita dada por un pueblo concreto a un hombre concreto. Esta es la grandeza pero también la debilidad del modelo venezolano.

Pregunta: Dentro de tu esquema, ¿Cómo será posible hablar de participación popular — que ha sido una de las promesas del presidente electo?

NC: Lo esencial de esa participación popular, por el momento, ya se produjo. La gran decisión popular, eminentemente participativa porque fue plenamente democrática, se produjo el 6 de diciembre de 1998. El pueblo de Venezuela, en forma masiva, casi unánime, le dio el poder a Hugo Chávez. El próximo paso es que el líder cumpla con esa orden o mandato popular. Ello abrirá un proceso complejo que estará lleno de conflictos con el poder establecido, tanto a nivel nacional como a nivel internacional. Y ante cada conflicto que se plantee se abrirá una nueva instancia de participación popular. La participación popular es inseparable de los conflictos que abrirá, a cada paso, el desarrollo del proceso.

La participación popular verdadera no significa que se deba diluir el poder en «n» partidos políticos, aunque estos se autodefinan «amigos del pueblo». Tampoco un poder revolucionario como el generado aquí en Venezuela puede ser compartido con otras instancias «institucionales», como lo señala la dogmática liberal y neoliberal.

Pregunta: La Constituyente, ¿No sería un caso de disolución del poder?

NC: Si se quiere orientar la Constituyente en esa dirección sería efectivamente un caso típico de disolución del poder. Pero yo creo que el presidente Chávez quiere la Constituyente para otra cosa; la quiere para reordenar administrativamente al sistema y así disponer de una herramienta eficaz para producir el cambio. En este tema debemos diferenciar con total claridad lo que es el poder como concepto — dado a una persona concreta y no a una idea abstracta — de lo que es la administración ordenada de ese poder. El poder que emerge de un mandato popular absolutamente cristalino no es divisible. Su administración, en cambio, sí puede y debe ser delegada. Para ello se necesita la Constituyente: para ordenar, racionalizar y refundar administrativamente al Nuevo Estado emergente. No para fragmentar el poder.

Pregunta: En las últimas décadas se nos quiso encajonar en la dicotomía «capitalismo» contra «comunismo» ¿Está naciendo ahora una «tercera vía»?

NC: No confundamos «tercera vía» con «tercera posición». La «tercera vía» es un intento por amortiguar las destrucciones sociales que realiza necesariamente el capitalismo en esta fase «global». Para funcionar, ese capitalismo debe generar una enorme y creciente masa de excluidos sociales, de marginales absolutos en todo el mundo. La «tercera posición», en cambio, fue una actitud orientada a evadirse del conflicto bipolar. Y naturalmente conllevaba un proyecto social y económico diferenciado, tanto de uno como de otro polo del poder mundial.

El concepto de «tercera vía» está asociado hoy con Tony Blair. Ahora bien, en mi opinión ese señor es uno de los grandes canallas de este mundo. Fue quien sostuvo, hace poco, que Irak albergaba importantes stocks de «armas de destrucción masivas», y que Sadam Hussein tenía la capacidad para destruir al mundo nada menos que tres veces. Esa gran mentira sirvió como excusa para bombardear — una vez más — a un pueblo prácticamente inerme, indefenso, hambreado y enfermo por falta de medicamentos. Las ideas de ese señor están afectadas por una «falsedad de origen», que es su propio comportamiento político en la escena internacional. La «tercera vía» — dentro de un enfoque más amplio — es una trasnochada de una Europa socialdemócrata que pretende balancear el poder internacional de unos Estados Unidos ubicado en el neoliberalismo más extremo. Pero esa Europa no es una situación antagónica a esos Estados Unidos de América. Son más bien dos caras de una misma moneda.

Pregunta: Si pensamos que en Venezuela se está dando un nuevo proceso distinto a todo lo que ha existido hasta ahora, ¿Cuáles son las vulnerabilidades que según tú tiene ese proceso que se está iniciando? ¿Dónde se debe concentrar el poder para asegurar que el proceso se mantenga como el pueblo lo decidió?

NC: Para mí la máxima debilidad está en la implementación de un concepto — que es toda una actitud geopolítica — que podríamos definir como «la falsa astucia». La «falsa astucia» es pretender engañar al enemigo con maniobras dilatorias, realizadas con el único objeto de «ganar tiempo». Se eligen, por ejemplo, funcionarios que forman parte orgánica del sistema anterior. Se supone que esas personas van a calmar las ansiedades de la oposición, nacional e internacional. Si se cede parte del poder a personas e instituciones que forman parte del enemigo mismo no sólo no se «gana tiempo» — el tan preciado tiempo necesario para desarrollar nuestra propia estrategia — sino que se fortalece al enemigo y se debilita nuestro propio campo. Esas son acciones — las de la «falsa astucia» — que aumentan la sensibilidad de las percepciones que el enemigo tiene sobre nuestras propias vulnerabilidades. Ese es el peligro mayor: alimentar a la fiera que finalmente nos va a devorar. La «falsa astucia» es, en definitiva, una percepción falsa sobre nosotros mismos, sobre nuestra verdadera ubicación en el mundo.

Pregunta: ¿Cómo hacer para darle fuerza a este proceso desde una situación de debilidad como la en que se encuentra ahora Venezuela? ¿Cómo hablar de una nueva Venezuela que se tiene que enfrentar a un proceso global inhóspito?

NC: Lo que le preocupa a los Estados Unidos no es la estabilidad de la democracia venezolana. Eso es lo que ellos dicen que les preocupa. Vean a la actual «democracia» china y a sus relaciones privilegiadas — antijaponesas— con los EUA. Lo que en verdad le preocupa a los EUA, por ejemplo, es que Venezuela se lance a una campaña de producción de alimentos — sustitución de importaciones básicas — que elimine la influencia en este país — y en otros del área andina — de los grandes monopolios de la alimentación, que son en su mayoría empresas norteamericanas. El conflicto no se producirá porque Venezuela, a través de la Constituyente, va a fundar un Nuevo Estado. El conflicto comenzará cuando Venezuela, por ejemplo, desarrolle un proceso de sustitución de importaciones de alimentos, entre otros. La cuestión, entonces, será definir si Venezuela producirá, fronteras adentro, los alimentos crecientes y otros productos básicos que su población necesita, o seguirá malgastando sus divisas comprando alimentos a los grandes monopolios norteamericanos y europeos. La cuestión será definir si Venezuela generará nuevas empresas sociales y familiares — es decir, una nueva sociedad — a partir de una utilización racional de su espacio geográfico actualmente vacío-depredado, o seguirá dependiendo de importaciones dejando esos espacios en manos de garimpeiros y bandeirantes. La cuestión será definir cuál será el rol de las fuerzas armadas en todo este proceso: integrarlas a una expansión productiva o dejar que se sigan pudriendo en la corrupción de los grandes centros urbanos.

En el fondo, el contenido de la revolución venezolana estará dado por la intensidad con que se encare el proceso de des-urbanización. Es decir, dependerá de la fuerza que se emplee para enfrentar a la pos-modernidad (no olvidemos que uno de los paradigmas de la modernidad fue la urbanización: a mayor urbanización mayor «modernidad», por lo tanto más «democracia», etc.). De esas opciones surgirán los conflictos. Y esos conflictos exigirán una participación popular creciente. Participación popular querrá decir, también, distribución de territorio. Re-apropiarse «popularmente» del espacio físico nacional. Re-distribuir a la población en todo el espacio físico nacional. Ocupar ese espacio con nuevas fuerzas productivas. Todo ello originará conflictos. Pero las formas que adoptarán esos conflictos esconderán siempre su verdadera naturaleza. Se plantearán como conflictos entre «democracia» y «dictadura», por ejemplo, cuando en verdad son conflictos originados en la lucha por el control del mercado interno de Venezuela, y no sólo en el campo de los productos alimenticios. Si en Venezuela se hace entonces lo que se tiene que hacer, lo que está ordenado en el mandato popular del 6 de diciembre, esto es, alimentar a su pueblo a partir de su propia tierra, crear nuevas unidades productivas, etc., entonces habrá conflicto. Por lo tanto hay que saber cuál es el conflicto, no equivocarnos en su definición. El conflicto es la independencia y la soberanía de Venezuela, y no la forma que adopte su sistema político interno. La gobernabilidad del proceso venezolano dependerá entonces de la correcta administración de esos conflictos. De tratar de mantenerlos dentro de límites controlables por el poder político. No se trata de eliminar los conflictos, porque en ese caso sólo tendríamos más de lo mismo. O peor de lo mismo.

Pregunta: Venezuela está en estos momentos en las peores condiciones para iniciar ese proceso de independencia nacional.

NC: Claro, porque allá afuera hay un mundo hostil. Hay un «gobierno mundial» en proceso de consolidación que se opondrá a la independencia de Venezuela. Que buscará eliminar o pervertir esta experiencia que ustedes están iniciando. Pero también hay fuerzas que se oponen a la consolidación de ese gobierno mundial. Por lo tanto la clave es disponer de una Inteligencia Estratégica adecuada que nos permita aliarnos con los elementos fragmentativos que están operando en el plano internacional. Disponiendo de esa Inteligencia Estratégica lo que hay que hacer de inmediato es regular y administrar los conflictos. Asumir los conflictos que vamos a generar y darles una dimensión «controlable». Para ello habrá que hacer alianzas y contraalianzas complejas y rápidas en el plano internacional. Pienso que hay una manera de fracturar ese muro de hostilidad, porque vamos hacia una creciente despolarización del sistema internacional. De lo que se trata es de subsistir hasta que esa apolaridad sea una realidad efectiva.

Pregunta: ¿Y que pasará en el caso de que Chávez desaparezca?

NC: Pues que todo será diferente. Por lo tanto nada de lo que hemos dicho hasta ahora tendría sentido. Pero yo creo firmemente de que «nadie muere en vísperas». Chávez es un hombre joven y fuerte que tiene cuerda para rato. De todas formas si Chávez no está, no hay proceso, tal vez habrá otro proceso, pero ciertamente no este proceso. Chávez es un caso único, un fenómeno pocas veces visto. Pasará muchísimo tiempo antes de que aparezca un nuevo Chávez. Por lo tanto su «desaparición» es un tema que escapa a esta discusión: estamos hablando de un poder que emerge de una relación líder-masa.

Pregunta: El Presidente nos dijo a los venezolanos que el poder nos sería devuelto, que su poder personal sería una etapa pasajera.

NC: ¿Pero cómo crees tú que se realizará esa devolución? ¿Tú crees que un día el Presidente le va a dar a cada venezolano el poder dividido por el número de habitantes de este país. Es decir que a cada venezolano le correspondería un pedacito de poder: P dividido por «N»? Eso sería sencillamente la liquidación de un país. Cuando se habla de distribuir el poder siempre se cae en una forma perversa de gobierno, pues lo que reciben el poder — como supuesta devolución — no son todos los habitantes de un país sino los grupos organizados de ese país. Es decir, los mismos de siempre. No se puede devolver el poder al «pueblo», porque «pueblo» es un concepto abstracto. «Pueblo» no es la suma de cada uno de los habitantes de una nación. «Pueblo» — al igual que «humanidad», en otro plano — es una visión genérica abstracta y no una suma de personas concretas.

Así y todo tiene que haber un proceso de «devolución» del poder. Ello fue parte del mandato que recibió el líder. Pero esa «devolución» del poder no debe significar una disminución o eliminación del poder de uno de los polos de la ecuación, de ese polo que hemos llamado líder. Esto quiere decir que no puede haber poder popular sin la existencia permanente de un liderazgo fuerte. Por lo tanto no es correcto usar la palabra «devolución». Tendremos que pensar más bien en el reforzamiento mutuo de un poder que sólo existe cuando se comparte: cuando ambos polos, el líder y la masa, comparten un mismo poder. Porque la desaparición del líder dejaría a la masa en estado de absoluta indefensión. No hay un sólo ejemplo en la historia del mundo, desde los orígenes hasta nuestros días, que nos demuestre que las cosas hayan sido de otra manera.

El tema de la «devolución» del poder nos lleva nuevamente al de la participación popular. Tradicionalmente se tiende a creer que la participación popular se puede organizar, es decir, resolver por métodos burocráticos. Pero esta es una visión equivocada. ¿Cuánto durará en Cuba, por ejemplo, todo el andamiaje político existente, luego de la muerte de Fidel Castro? En mi opinión ni un minuto. Otra cosa sería que hubiese una agresión externa visible contra Cuba, una nueva Bahía de los Cochinos, por ejemplo. En ese caso tal vez surgiera un nuevo líder nacionalista. Un nuevo escudo nacional. Pero en condiciones «normales», bajo un régimen de agresiones de baja intensidad como es el actual bloqueo, toda la superestructura política se caería automáticamente una vez desaparecido el líder. Por lo tanto volvemos a relacionar la participación con el conflicto. La participación se realiza siempre por la vía del conflicto y nunca por la vía burocrática.

Capítulo 4. El amplio marco de la política exterior venezolana. La crisis del «nuevo orden mundial». El entorno global: una nueva oportunidad antisistémica

En lugar de la monótona imagen de una historia universal en línea recta, que sólo se mantiene porque cerramos los ojos ante el número abrumador de los hechos, veo yo el fenómeno de múltiples culturas poderosas, que florecen con vigor cósmico en el seno de una tierra madre, a la que cada una de ellas está unida por todo el curso de su existencia. Cada una de esas culturas imprime a su materia, que es el hombre, su forma propia; cada una tiene su propia idea, sus propias pasiones, su propia vida, su querer, su sentir, su morir propios.

Oswald Spengler, La decadencia de Occidente

La política exterior de la revolución venezolana deberá recorrer una singladura inédita dentro de un mundo nuevo. Descubrir los mecanismos que mueven a ese «mundo nuevo» será entonces conditio sine qua non para la supervivencia de la Nación. Y, a partir de allí, para la construcción de un espacio geopolítico independiente en la América Meridional.

Los acontecimientos internacionales señalan que el proceso de transición que en la escala planetaria comenzó con la ruptura de la bipolaridad (implosión soviética o caída de Moscú), ha llegado a un punto muy próximo al estadio apolar, lo que puede definirse a partir de la nueva y específica «distribución del poder» que existe actualmente dentro del sistema internacional.

Esa nueva distribución del poder se produce no sólo de manera desigual sino en niveles distintos. El poder se distribuye en nichos diferentes: la velocidad del desarrollo tecnológico no coincide con la capacidad militar y el crecimiento económico no siempre logra traducir o expresar control político. Ni la capacidad militar, ni el crecimiento económico ni el control político pueden traducirse, finalmente, en hegemonía ideológica (religiosa, cultural, etc.). Ello quiere decir que los alineamientos internacionales ya no se producen por consenso, sino por necesidad o conveniencia y, por ello mismo, son esencialmente transitorios.

En definitiva, el mundo global ha dejado de ser -definitivamente- un mundo blanco-occidental. Las estructuras internacionales (políticas, económicas, militares, culturales, etc.) son incapaces de contener las enormes presiones que sobre ellas ejerce la emergencia de multitudes -una inmensa mayoría de la demografía mundial- no blancas. Todas — o casi todas — ellas se asoman a la estrategia global provistas de culturas y religiones diferenciadas y en oposición a la cultura blanca-occidental (¿judeo-cristiana?). Esas masas están además excluidas por la economía global. Su participación en ella es meramente virtual, es decir tiene que ver más con una imagen que con una realidad concreta.

Durante unos ocho siglos — dentro del área geográfica de lo que hoy se llama «mundo occidental» — existió una bi-polarización del poder entre dos razas-culturas: la árabe-oriental-musulmana, y la europea-occidental-cristiana. A partir de finales del siglo XV — descubrimiento de América — uno de esos polos crece y el otro decrece. El pensamiento de la raza occidental se había potenciado, mientras que el de la raza oriental se había estancado. Ello provoca, entre otras cosas, el fracaso militar otomano ante las puertas de Viena.

A partir de ese momento el dominio de la raza blanca-occidental se fue globalizando progresivamente. También a partir de ese momento muchas de las guerras fueron guerras civiles europeas. Por eso mismo fueron guerras intra-raciales e intra-culturales dentro del mundo blanco-occidental (a excepción de las acciones japonesas contra Rusia y contra China-Manchuria, antes y después de la primera guerra civil europea del siglo XX). La totalidad de la «política internacional» se desarrolló dentro de ese escenario, que perduró hasta las «revoluciones raciales» del «tercer mundo» que eclosionan a partir de la última guerra civil europea del siglo XX (llamada II Guerra Mundial -IIGM).

Tomando como paradigma esos acontecimientos — limitados por sólo tres siglos de historia «universal» — el pensamiento político occidental elabora modelos de comportamiento internacional, a los cuales le atribuye un valor metafísico, es decir, eterno. Todo lo demás eran «cuestiones coloniales». El Islam sigue siendo tratado, al día de hoy, como una «cuestión colonial».

El simple ingreso a la política mundial de tres grandes razas-culturas, la china central-confuciana, la árabe-musulmana y la hindú aria-védica — todas emergencias provocadas por la Segunda Guerra Civil Europea — altera totalmente el panorama reinante durante los tres siglos precedentes. Lo que comienza a cambiar es la propia lógica del sistema: se deja atrás un escenario racional-positivista y se entra de lleno en el escenario de la incertidumbre.

La crisis de la IIGM abre la «caja de Pandora». Hasta la «caída de Moscú» (Perestroika) todas las interpretaciones giraban en torno a aquellos viejos modelos racionalistas: proletariado mundial versus burguesía global. A partir de la crisis y autodestrucción soviética ya no es posible ocultar la envergadura del «nuevo mundo». Millones de hombres «distintos» — provistos de su religión y de su cultura, y agredidos por una misma economía global — se convierten en actores de la política mundial, que comienza a girar sobre ejes también distintos.

Hasta el día de hoy no existe la interpretación adecuada para prever acontecimientos futuros bajo esta nueva circunstancia. Estamos en presencia de un «antisistema», que no permite construir alianzas estables entre las potencias del mundo central orientadas a gobernar por un largo plazo y a estabilizar globalmente al Planeta. Ninguna de las guerras comenzadas ha podido ser terminada (con la derrota del «enemigo»): ni en Bosnia, ni en Kosovo, ni el País Vasco, ni en Irlanda ni en Irak, ni en ningún otro punto del planeta. La virtualidad militar, la vana ilusión de poder matar sin morir, impide concluir las guerras: estamos por lo tanto en un mundo des-controlado. El sistema pentárquico que siguió a la Europa posnapoleónica es, absolutamente, un modelo irrepetible. La imposibilidad de formalizar alianzas estables y de largo plazo entre centros de poder se manifiesta en todos los niveles de la actividad internacional. Hay intereses divergentes entre sí en el plano económico, político, estratégico, religioso, cultural y militar. Pero hay sobre todo una cultura basada en la deseada «inmortalidad del último hombre» (tema que yo desarrollé, en relación con un eventual teatro de operaciones en el Golfo Pérsico, en mi libro El nacional judaísmo, ya citado).

Una de las principales fuentes de divergencia se manifiesta en la forma de actuar sobre los «conflictos regionales» (muchos de ellos ya han escapado a esa definición: la mayor parte de los «conflictos regionales» se están transformando en «conflictos internacionales»). A esos conflictos se los pretende «licuar» haciendo que su componente racial pase inadvertido.

Otros conflictos internacionales se transforman en globales. Ello es particularmente válido para el caso del Medio Oriente -conflicto entre el espacio sirio-palestino y el espacio judío implantado- que tiene en la religión judía -, en las interacciones judeo-cristianas- y en la resistencia musulmana, una gran capacidad de transmisión hacia el Occidente. Y a partir del Islam una gran capacidad de transmisión hacia el Oriente. Las tres grandes religiones monoteístas abrahámicas asumen así una función sociológica de transmisoras de conflictos hacia el «resto del mundo».

Las nuevas fronteras de la política mundial

Las fronteras reales de la política internacional -globalmente considerada- están volviendo a las antiguas líneas de conflicto, en su triple dimensión: étnico-racial, histórica y geopolítica. Las viejas culturas absorben a las nuevas (p.e: el eslavismo cristiano ortodoxo al comunismo soviético, el judaísmo al sionismo, el Islam al «orientalismo» árabe, etc.), no las expulsan totalmente, las integran a la manera hegeliana. Las crisis políticas en el interior de los grandes Estados están produciendo un sinceramiento histórico y geopolítico, un retorno a los viejos moldes. Una Turquía reislamizada tendrá seguramente muchas dimensiones, pero seguramente todas estarán incluidas en las tres básicas antes señaladas: la étnico-racial, la histórica y la geopolítica.

El sistema internacional no es unipolar porque está sometido a una tensión devastadora entre las fuerzas globalizadoras (élites incluidas [dentro del sistema] de todo el mundo) y las fuerzas fragmentativas (pueblos excluidos [fuera del sistema] de todo el mundo). El conflicto entre incluidos y excluidos, entre dominadores y humillados. Las modificaciones que se perciben en el comportamiento del sistema internacional (la intensidad y los ritmos nunca vistos de esas modificaciones) son el producto de una tensión que predomina sobre todas las demás: la existente entre los factores fragmentativos y los factores globalizadores, que actúan de manera antagónica sobre la totalidad del sistema.

Los factores globalizadores actúan directamente sobre la formación de un gobierno oligárquico/global que aún existe como proyecto. Ello exige mitificar la infalibilidad ideológica del «Imperium Mundi».

A pesar de la creciente importancia de los elementos fragmentativos existe hoy un proyecto (y un proceso) de gobierno mundial de facto integrado no sólo por instituciones internacionales como el FMI, el Banco Mundial, el Grupo de los 7 (G7), el ex/GATT (Organización Mundial del Comercio), el proyecto Maastricht y demás organizaciones diseñadas para servir a los intereses de los grandes grupos multinacionales. Por sobre el funcionamiento de esas instituciones el proyecto de gobierno mundial pretende ofrecer una nueva conceptualización sobre el «manejo del mundo», condensada en tres conceptos básicos sobre los que se sustenta el Nuevo Orden Mundial (NOM): la soberanía limitada, el derecho a la ingerencia y las intervenciones humanitarias. Dentro de este proceso está el proyecto de legitimar un Tribunal Internacional de Justicia dentro de los moldes del Tribunal Militar Internacional (Nuremberg) de la última posguerra.

Hasta este momento todas las experiencias existentes respecto a la limitación de soberanía e ingerencias militares, fueron acciones comandadas por el mundo blanco-occidental contra el «otro mundo».

La forma de gobierno mundial que se pretende imponer se asemeja mucho más a la idea de Imperio que expone Dante en su De Monarchía que a la visión de muchos imperialistas nacionales del siglo XIX. El «Imperialismo nacional», como el británico, el norteamericano, el francés o el ruso, es una imagen del pasado. Ahora no puede haber imperio universal sin infalibilidad ideológica, sin teología de la globalidad, como muy bien lo señaló en defensa de Roma y dentro del exiguo espacio de la cristiandad, ese gran pensador imperial que fue Santo Tomás. En su momento conocimos muy bien la exigencia de infalibilidad que presentó sistemáticamente la Iglesia Comunista de Moscú, hasta su extinción hace pocos años.

El Imperio Mundial es una figura que exige la aceptación universal de la infalibilidad de sus decisiones. Esta actitud cultural es cada vez más evidente a medida que pasa el tiempo. Es la cultura blanca-occidental la que pretende constituirse en el Totem de todas las «tribus» del mundo. A diferencia de los antiguos emperadores nacionales, la autoridad del «Imperium Mundi» pretende ser propia, como la luz del sol. Los viejos «imperios nacionales», en cambio, eran como la luz de la luna: extraían su brillo de la luz del sol (Santo Tomás, De Regimene Principium). La infalibilidad ideológica contemporánea, la nueva «luz del sol» es una «nueva ingeniería» basada en desarrollos tecnológicos que permiten operar grandes concentraciones económicas transnacionales, manipulaciones políticas y sociales globales e intervenciones militares. En definitiva, el «nuevo sol» es la posibilidad de controlar en exclusivo las nuevas tecnologías emergentes.

Ya no se trata de las viejas expansiones nacionales que en un punto de su desarrollo se transforman en expansiones imperiales. Ahora se pretende estructurar, desde «lo alto» y desde un principio, un gobierno mundial trans/nacional, legitimado — cuando ello es posible — en la figura de las Naciones Unidas. Ese gobierno mundial será la expresión política tanto de «gobiernos nacionales» como de grupos trans/nacionalizados cuyo poder se asienta en un específico proceso de innovaciones tecnológicas y transformaciones productivas.

Para la minoría «incluida» de la población del planeta, el «gobierno mundial» es cada vez más urgente, dada la creciente incapacidad de Washington para ejercer un verdadero liderazgo mundial. Esa urgencia es lo que aún une a las diferentes etnias de la raza blanca, y lo que pretende convertir a la cultura occidental en el tramo final de la historia humana.

Es cada vez más evidente que una nueva «contradicción principal» sacude los cimientos del sistema internacional. Ella se localiza en las luchas de las «razas marginales», de las naciones y de las culturas excluidas contra las intervenciones religiosas, políticas, económicas y militares — en definitiva, raciales — de una nueva forma imperial que se pretende imponer sobre el Planeta.

Debemos recordar que en el estrecho marco geopolítico del «renacimiento» italiano, el primer gran teórico de la liberación nacional contra el proyecto del «imperio mundial» del Papa romano, fue Maquiavelo. Habrían de pasar muchos años desde la muerte del gran florentino hasta que otro europeo marginal, Herder, un judío eslavo-germánico, continuara desarrollando la trama teórica de la «cuestión nacional». Escribió:

> La civilización humana no vive realmente en sus manifestaciones generales y universales, sino en las nacionales y particulares. Cada nacionalidad es un organismo vivo. Todas las nacionalidades son igualmente sagradas, las que aparentemente han progresado y las llamadas 'primitivas'. A través de todas ellas se cumple el destino de la humanidad. Ningún individuo, país, pueblo, estado, son parecidos. Todo queda sofocado si uno no busca su propio camino y si se toma ciegamente a otra nación como modelo. Cada nacionalidad es la portadora original de una humanidad común, que vive y se despliega en todas las nacionalidades. Nada es tan repugnante al espíritu humano como la actividad de los conquistadores. No puede negarse que alguno de ellos han demostrado valor en el peligro, pero lo mismo puede decirse de los asaltantes de caminos y de los piratas. Es de esperarse que los asesinos y ladrones de pueblos y naciones sean un día objeto de la infamia y la deshonra, de acuerdo a los principios de una verdadera historia humana.

Polarización versus globalización

En un mundo globalizado, naturalmente, tienden a desaparecer los polarizadores internacionales (centros con gran capacidad de acción económica y/o estratégico/militar) y, en especial, los polarizadores clásicos, que son los que operaron en los últimos tres siglos de historia occidental, antes de la irrupción masiva de las razas «coloniales». La globalización es la hegemonía de un solo polarizador. Los actores principales de la globalización tienen como objetivo la maximalización de los beneficios y no la potenciación de su propio Estado, aunque se trate de los Estados Unidos. Como entidad política y geográfica, el antiguo país central puede entrar en declive por el mismo proceso mediante el cual sus principales empresas logran beneficios crecientes (33).

La naturaleza del sistema internacional actual tiende a definir, en la escala global, sólo dos «países», con sus geografías y recursos desigualmente distribuidos: el país de los ricos o incluidos, y el país de los pobres o excluidos. Las instituciones estatales de los países excluidos, o «desgarrados», como las fuerzas armadas, deben definir — en primer lugar ante sí mismas — qué «país» aspiran a defender. Queda fuera de toda discusión, dentro de este modelo de gobierno mundial, que todo intento de integrar «fronteras adentro» del Estado/nación, es una actitud penalizada por la lógica del modelo. Uno de los objetivos principales de los actores transnacionales es lograr la privatización y la liberalización de los servicios -en especial de los servicios financieros-, más la eliminación de los principios básicos de la defensa nacional, con el objeto de eliminar cualquier amenaza de planificación económica nacional y de desarrollo independiente.

Todas las instituciones integrativas dentro del Estado/nación deben ser destruidas, «desprotegidas» de los «favores» del Estado. Desaparece la «vieja» configuración «nacional» del Estado. Queda vigente una nueva configuración «estatal», la mayoría de las veces fragmentada o desgarrada. Es por ello que no desaparecen todas las formas de proteccionismo. Los mecanismos de protección son rediseñados para aumentar el poder y la riqueza de las grandes corporaciones transnacionales (que no necesariamente son multinacionales: gran parte del «capitalismo nacional» hoy se ha transnacionalizado sin multinacionalizarse).

La globalización como modelo de gobierno mundial es una estructura oligárquica que condena a la marginalidad al vasto «país» mundial de los excluidos, a los pobres y sin poder, dentro y fuera de los países centrales, dentro y fuera del espacio blanco-occidental. En el plano político interno opera dejando grandes vacíos en el ordenamiento democrático, de tal manera que la capacidad de decisión siga en manos de los que Adam Smith, en el siglo XVIII, llamó «los amos del universo», quienes se manejan «con el vil principio: Todo para nosotros, nada para los demás».

La organización oligárquica global succiona riquezas para el «país de los incluidos» que está desigualmente distribuido por toda la superficie del globo. Adam Smith acusaba a los fabricantes y comerciantes de su época de «infligir horribles infortunios y de perjudicar al pueblo de Inglaterra». Hoy en día, el 40% del comercio exterior de los Estados Unidos se realiza entre compañías dirigidas en forma centralizada. Esas companías pertenecen a los mismos grupos que controlan la producción y la inversión.

El efecto que provoca la acción de la oligarquía global sobre la totalidad del «país de los excluidos» es auténticamente devastador. El abismo que separa a las regiones ricas de las pobres se ha duplicado en las últimas dos décadas.

La fragmentación antioligárquica

Los factores de fragmentación son los elementos que pueden llegar a conformar, en líneas generales, nuevas opciones para las razas oprimidas, las culturas marginales y los Estados periféricos. Los factores de fragmentación se manifiestan en diferentes niveles:

- En la inviabilidad político/estratégica de los grandes espacios económicos. Inviabilidad significa desigualdades crecientes dentro de cada espacio económico. En el MERCOSUR, por ejemplo, Argentina se ha convertido en el segundo Estado más importante dentro de la República Federativa del Brasil. La formación de espacios económicos ampliados es, en la mayoría de los casos, una relación entre una misma empresa monopólica ubicada en dos puntos geográficos distintos. Dentro de esos espacios se producen enormes transferencias de recursos de las regiones más pobres a las más ricas. Esto sumado a las grandes disparidades culturales existentes, produce el fenómeno de la imposibilidad de traducir «poder económico» en «poder político/militar», como es el caso evidente de la Unión Europea, que nunca dejará de ser un simple «Mercado Común Europeo». En la Zona de Libre Comercio del Atlántico Norte (NAFTA) uno de los objetivos principales de los Estados Unidos es desarticular completamente la existencia nacional de México. Las reacciones secesionistas del Quebec son un ejemplo impresionante de fractura cultural dentro de un espacio económico central. En el Mercosur la desigualdad entre Brasil y la Argentina es creciente y directamente proporcional a los poderes nacionales relativos. La Comisión Norteamericana para el Comercio Internacional estima que las empresas de ese país obtendrían un beneficio adicional de 61.000 millones de dólares anuales provenientes del Tercer Mundo, si la OMC tuviese capacidad para aplicar las exigencias proteccionistas norteamericanas con la misma intensidad que lo hace Washington dentro del NAFTA. La protección de la propiedad intelectual está constituida por un conjunto de medidas diseñadas para que las multinacionales norteamericanas controlen la tecnología del futuro, por lo menos en una determinada región del mundo.

- En el creciente vacío de poder y en el incremento (ampliación y profundización) de los conflictos regionales. La mayoría de los conflictos regionales son respuestas militares de naturaleza racial y cultural desde los pequeños espacios a los grandes espacios (Chechenia versus Rusia = caucásicos musulmanes versus ortodoxos eslavos).

- En las crisis económicas nacionales dentro del mundo central, y las luchas interbloques e intrabloques.

- En la incidencia creciente de las variables demográficas (mayor crecimiento relativo de las razas marginales).

- En la expansión de religiones y culturas conformadoras de una concepción de un mundo no/occidental. La expansión demográfica conspira contra el modelo oligárquico de gobierno mundial, ya que los ricos blancos son cuantitativamente cada vez menos. Tanto en el mundo musulmán como en el mundo sino confuciano la confluencia de factores religiosos y demográficos está llegando a niveles críticos para la estabilidad de las democracias protestantes y/o weberianas.

- En la evolución relativa de los poderes militares.

- En la consolidación de potencias regionales con gran capacidad de acción y en el nacimiento de potencias intermedias. Estamos viviendo el nacimiento de potencias medianas regionales. Ellas no sólo disponen de una adecuada ubicación geográfica o de alguna tecnología militar, como Turquía e Irán, dos polarizadores intermedios en el Nuevo Mundo Apolar. Ellas disponen sobre todo de una cosmovisión «finalista» de la acción política.

- En la naturaleza de las crisis en los centros decisionales y en el desarrollo de «guerras comerciales».

Este cuadro es particularmente claro en la configuración actual del mapa europeo y en el conjunto de tensiones dentro de la OMC.

La crisis económica actual tiene algunas similitudes con la que sacudió al mundo hacia finales de los años '20 y comienzos de los años '30 de este siglo. Ella comenzó, al igual que ahora, con un descenso del PB global real, lo que impulsó a los países más importantes de cada región a restringir las importaciones por el mecanismo de crear bloques comerciales en cada una de sus zonas de influencia. También, al igual que ahora, el funcionamiento de la economía a través de bloques comerciales restringió los flujos comerciales y los movimientos financieros internacionales (lo que hoy se llama «globalidad económica»). La consiguiente recesión transformó a los bloques comerciales en bloques militares. Los bloques comerciales vuelven a conformarse con el objeto principal de limitar las importaciones e incrementar las propias exportaciones fuera de los mecanismos multilaterales. En el límite de esta dinámica comercial y política estarán, de nuevo, e inexorablemente, los bloques militares. Es decir, la guerra.

Pero también tiene importantes diferencias. El escenario es ahora, por primera vez, global. Muchos actores son ahora no occidentales y no blancos. No se trata de la globalidad del siglo XIX, en el cual el mundo colonial era un puro mercado, es decir, observador pasivo y víctima de los sucesos del mundo blanco central. Japón, China, India, Irán, Brasil, Turquía, Paquistán, entre otras potencias grandes e intermedias, juegan un rol activo en la política mundial, y sus intereses — en diversos grados — son muchas veces discordantes y otras francamente antagónicos respecto de los intereses del Centro.

Estamos hablando de cambios profundos en la historia y en la estrategia global. También la periodicidad de los cambios se ha modificado abruptamente. Los tiempos históricos deben ahora medirse no por decenios ni por años, sino por meses y semanas. Este incremento inusitado en la velocidad de los cambios se debe a la inclusión de nuevos, pero sobre todo de distintos actores en el escenario de la política mundial.

Hubo un punto en que fue posible registrar con gran exactitud el enorme viraje estratégico de la historia: en enero de 1993 la «potencia hegemónica» de un «mundo unipolar» no pudo reeditar una segunda campaña contra Irak (señalado como el «perturbador del sistema», en ese momento). La estructura de las alianzas que se había construido un año antes ya carecía de viabilidad, se había derrumbado, se había modificado total y absolutamente. En sólo un año el mundo era otro. Era para el otro. Comienza a ser para los que dispongan de voluntad de existir. Yugoslavia es otra región de conflicto donde se pone de manifiesto la imposibilidad de un «gobierno mundial», bajo cualquiera de las formas hasta ahora conocidas: unipolar, bipolar, pentapolar, etc.

Los conflictos y las coincidencias se entrecruzan, no coinciden ni en tiempo ni en espacio. En Bosnia, ex Yugoslavia, existe una coincidencia objetiva de intereses, hoy, entre Alemania, Estados Unidos y algunos Estados musulmanes que por otra parte mantienen importantes conflictos entre sí. La convergencia entre EUA y Alemania se hizo extensiva a la ampliación de la OTAN hacia el este europeo (imposición alemana a los EUA). La alianza militar «occidental» actuará de pantalla protectora de la pretendida expansión económica de Alemania hacia el este (pero existen también cada vez más conflictos económico y comerciales entre Alemania y Estados Unidos). Inversamente, esa alianza nacida en Bosnia, difícilmente se pueda extender hacia el espacio árabe-persa.

La no percepción de la profundidad y de la velocidad de los cambios, de la drástica modificación de los ciclos históricos, del inexorable retorno a los viejos moldes raciales, étnicos, geopolíticos e históricos; la no percepción de las implicancias que conlleva el vertiginoso surgimiento de nuevas oportunidades para las nuevas razas-culturas transformadas en potencias emergentes; la no percepción o la negación de esos fenómenos es lo que provoca la perpetuación en la dependencia de los hegemonizados, de los esclavos que optaron por la esclavitud.

La despolarización del sistema internacional

El sistema internacional siempre se transformó a través de procesos de re/polarización. Los agentes polarizadores emergían a través de un conflicto complejo que adoptaba múltiples formas, incluyendo la militar. La polarización, la formación de polos de poder, fue siempre el resultado de un conflicto entre actores. Desde el siglo XVIII y hasta finales de la segunda guerra civil europea (1945), el escenario geográfico dentro del cual se producían esos procesos de repolarización era increíblemente pequeño y abarcaba a un muy reducido número de personas, en su totalidad pertenecientes a las diferentes etnias y culturas de la raza blanca del mundo occidental. Los procesos de repolarización se producían dentro de ese marco geográfico-cultural, ya que representaban conflictos internos dentro del Occidente blanco (aun aquellos que se referían a los «problemas coloniales»). Esos conflictos adoptaban distintas formas, pero todos admitían una misma base: diferenciaciones étnicas, culturales y geopolíticas.

La característica del momento actual es que el número de actores se ha incrementado, al mismo tiempo que cada uno de ellos tiene mayor poder relativo. Sobre todo existe una diferenciación de intereses y de lógicas políticas entre los nuevos y los viejos actores (y entre los nuevos entre sí y entre los viejos entre sí). Los actores que predominan no pueden controlar la totalidad del sistema. Ese descontrol no origina un «orden» sino un des-orden.

Sectores del mundo árabe, Irán, China, India, Turquía, etc., son todas potencias emergentes dentro de la gran Isla Mundial (MacKinder). Cada una de ellas intenta controlar espacios limitados de poder y esto, naturalmente, delimita intereses específicos, muchas veces contradictorios entre sí, pero sobre todo contradictorios con los intereses de los viejos actores de la cultura blanca occidental.

Los viejos actores, a su vez, aún no han podido definir ni mucho menos consensuar dentro de sus sociedades, el tipo de estrategia más adecuada a esta época tumultuosa. La llamada Unión Europea carece en absoluto de una estrategia unificada. Hacia el mundo eslavo, todos los Estados europeos y, aun, los EUA siguen detrás de Alemania, quien busca seguridad para sus negocios en el este. De allí la llamada «ampliación» de la OTAN.

Para cada crisis específica, Europa inventa, sobre la marcha, una política de emergencia. Casi siempre ligada a un pasado colonial o de despojo: Italia en Albania; Francia en algunas — cada vez menos — regiones de África; Alemania en Croacia y Eslovenia; Gran Bretaña en el Atlántico Sur, y así sucesivamente. La política norteamericana aún no ha resuelto, ni mucho menos, sus opciones históricas — excluyentes entre sí: (neo)aislacionismo, euro-atlantismo o Asia-Pacífico. A pesar de ser, sin duda alguna, la primera potencia del mundo, en cada coyuntura parece ir a remolque de los acontecimientos. No tiene capacidad de suscitar lealtades profundas hacia el exterior, ni consenso perdurable hacia el interior. La sociedad americana es crecientemente multirracial -es decir, policultural. Vive, por lo tanto, en una situación creciente de desgarro interior. Con cada vez mayor frecuencia las decisiones de la élite -blanca, rica y protestante- son contestadas por las distintas razas, etnias y culturas que integran esa sociedad contradictoria.

El drama permanente de África, los genocidios constantes y las más terribles acciones contra los «derechos humanos», son los resultados presentes no sólo de un pasado colonial, sino sobre todo de la multipolaridad decisional instalada en el Occidente blanco (aquí la definición racial blanco-negro cobra su auténtico significado, su criminal significado malthusiano).

Todo ello significa que el proceso de repolarización tradicional — en la escala blanca-europea — ha devenido en proceso de despolarización en la escala global actual: y el estado final de la despolarización es la apolaridad. Hoy asistimos a una etapa de la historia mundial en que el «orden» internacional se encuentra en estado de apolaridad por la acción de factores infinitamente más complejos que los que afectaron a la política occidental entre los siglos XVIII y XX. Ningún centro decisional controla hoy todos los segmentos que conforman la estructura de las relaciones internacionales; ésta ha sido desbordada por los acontecimientos, por el factor racial-demográfico, en primer lugar. EUA debe compartir poder con el resto de los actores en distintos segmentos del sistema (ciencia, tecnología, finanzas, comercio, capacidad militar, etc.).

El factor racial, y la carga cultural que de él se desprende, produce un descontrol que se generaliza a partir del nacimiento de conflictos que se manifiestan como «rupturas del mapa». Al haber desaparecido el viejo sistema, y al no haber sido reemplazado por uno nuevo, hoy no existe estructura como fundamento de un orden definido. Hay licuación del poder, es decir, apolaridad, ya que toda estructura es siempre la confirmación de un poder (orden) internacional relativamente estable.

Ninguno de los antiguos polarizadores del sistema — ni, por supuesto, los nuevos — tienen capacidad para imponer un orden, ni a escala global, ni dentro de cada uno de los segmentos de poder que integran la dinámica política internacional. Y, debido a que los cambios se producen a un ritmo muy acelerado, tampoco existe consenso acerca de cuáles deben ser las reglas aceptables para la estabilidad de un nuevo sistema internacional.

En todo caso hoy estamos afectados por un «antisistema», que es algo muy próximo a un des/orden. Dentro de él, un conjunto cada vez más numeroso de «polarizadores menores» o actores secundarios (las antiguas razas inferiores de la ciencia occidental) pugnan por establecer reglas en cada uno de los segmentos de poder, básicamente, en los estratégico/militares, en los científico/técnicos y en los económico/financieros. Esa pugna aún no se ha resuelto, por lo que no hay orden global (autoridad ordenante) que impere sobre la totalidad de los segmentos de poder. La apolaridad es la anulación respectiva de poderes entre un número relativamente alto de polarizadores secundarios. No es multipolaridad porque la apolaridad no permite la realización de alianzas estables y a largo plazo entre actores.

Hay una multiplicación cualitativa y cuantitativa de actores/polarizadores. No sólo más, sino también nuevos actores con capacidad de influencia. Ellos van desde la banca acreedora (Occidente blanco) hasta la emergencia de nuevos Estados (razas marginales hasta la segunda guerra civil europea). Ahora, las relaciones mundiales no son sólo inter estatales, sino inter nacionales e, inter organizacionales, inter culturales pero, sobre todo, inter étnicas.

La modificación de la estructura global — el pasaje de un orden a un des/orden — se realiza a través del control, por parte de actores secundarios, de los distintos segmentos de poder que la conforman. Los actores pugnan por el control de las áreas más importantes que integran la actividad mundial global. En muchas áreas o segmentos no hay un actor predominante porque se está iniciando un conflicto de licuación de vastas proporciones.

Actualmente la actividad mundial se caracteriza por tener una «autoridad ordenante» cada vez más débil a medida que los conflictos que se avizoran se hacen cada vez más reales. Ello conlleva una creciente desconcentración del poder; éste se hace difuso. La difusión (licuación) del poder es el resultado de una represión recíproca entre adversarios cada vez más numerosos e iguales. Cada vez es menor la «autorepresión de potenciales disturbadores». Esto último comenzará a evidenciarse, por ejemplo, con la recomposición y potenciación que en estos momentos se realiza en el mundo árabe musulmán y en otros muchos puntos del planeta (34).

Los Estados Unidos de América como factor declinante de la polarización internacional

Y así llegamos al punto más importante de esta cuestión: la situación interior de la sociedad norteamericana y sus reflejos sobre su sistema de poder exterior. Si tomamos en cuenta algunos parámetros que esa sociedad presenta en este fin de siglo [un conglomerado de grupos humanos todos ellos étnica y culturalmente minoritarios], sus proyecciones podrían generar una verdadera fractura etno-cultural en la sociedad norteamericana. Las recientes olas inmigratorias en las últimas dos décadas han modificado drásticamente la composición cultural, religiosa y étnica de los Estados Unidos. Los blancos europeos serán dentro de poco sólo algo más de la mitad de la población. Dentro de ese grupo étnico los más afectados serán los blancos anglo-protestantes. Lo que señala que el propio lobby judío se verá arrastrado a la baja cuantitativa, lo que podrá afectar también a su poder decisional, que actualmente es enorme. Pero el 14% de la población negra norteamericana incluirá, posiblemente, a la mayor comunidad musulmana del Occidente-central (EUA+Europa Atlántica). Hoy, ya, la Nación — negra — del Islam es la mayor comunidad musulmana en Occidente.

Estos cambios estructurales se producen en un ambiente donde predomina la ideología llamada del «multiculturalismo y la diversidad» activamente promovida por la Administración Clinton y sistemáticamente rechazada por el fundamentalismo evangélico-calvinista, quien acusa a la actual Administración de ser la responsable de haber fragmentado a la política exterior de la superpotencia. En efecto, el «interés nacional» se ha dividido y subdividido en innumerables «intereses étnicos» (Huntington), enfrentados entre sí. Son los lobbies de las diferentes minorías nacionales los que, en última instancia, definen la política de Washington hacia el «mundo exterior». «Para la comprensión de la política exterior de los EUA es necesario estudiar no los intereses del Estado en un mundo de Estados en competencia, sino más bien el juego de intereses económicos y étnicos en la política interior del país. La política exterior, en el sentido de acciones conscientemente designadas para fomentar los intereses de EUA como una entidad colectiva en relación con entidades colectivas semejantes, está lenta pero inexorablemente desapareciendo» (Samuel P. Huntington, Intereses nacionales y unidad nacional, Foreign Affairs-Política Exterior, Vol.XII, N° 61, p.177).

Dado el estado de fragmentación en que se encuentra el sistema decisional exterior, tampoco habría que descartar la existencia de una convergencia de intereses externos e internos, similar — aunque en escala menor, naturalmente — a los acontecimientos que permitieron a la escuadra japonesa, en diciembre de 1941, bombardear la base de Pearl Harbour. Sólo esa acción, que fue consentida y alentada por los más altos mandos militares y políticos de un gobierno universalista-demócrata (ello ya está admitido por la práctica totalidad de la literatura histórica académica norteamericana), venció las resistencias sociales aislacionistas y posibilitó la entrada de los EUA en la segunda guerra mundial (en especial contra Alemania). Pero aquellos eran otros tiempos: los Estados Unidos representaban plenamente el papel de una potencia imperialista joven y dura.

En los Estados Unidos de Norteamérica el fenómeno socio/cultural contemporáneo más importante es la emergencia de distintas modalidades de un fundamentalismo de raíz evangélico/calvinista. La plena vigencia de esta realidad tiene múltiples manifestaciones, aunque en esencia todas ellas buscan como objetivo central restaurar el poder de los Estados Unidos en el mundo. Esta es la clave para entender el significado de la alianza entre el fundamentalismo evangélico norteamericano y el fundamentalismo judío israelí, más allá de su clara convergencia teológica. Los primeros buscan re-encontrar una perdida voluntad de poder. Para ello proponen un retorno a los fundamentos religiosos «americanos». Los fundamentalistas judíos, en cambio, buscan controlar para sí la enorme capacidad norteamericana, dotándola de una nueva voluntad.

En el plano político/económico resultan obvias las relaciones entre fundamentalismo evangélico/calvinista y aislacionismo estratégico, porque la alternativa terrorista dentro de los Estados Unidos (Oklahoma), producida en función de factores absolutamente endógenos, es una situación en su totalidad indesligable del crecimiento político del ala más extrema del «republicanismo» norteamericano. La eclosión de un terrorismo endógeno de raíz fundamentalista en la tradición del evangelismo calvinista no pudo haberse manifestado — bajo ninguna circunstancia — antes de que se lograra esa hegemonía (no tanto política cuanto cultural) «conservadora», que es una expresión profunda de la sociedad norteamericana.

«Sólo los Estados Unidos pueden dirigir al mundo. Estados Unidos sigue siendo la única civilización global y universal en la historia de la humanidad. En menos de 300 años nuestro sistema de democracia representativa, libertades individuales, libertades personales y empresa libre ha puesto los cimientos del mayor boom económico de la historia. Nuestro sistema de valores es imitado en el mundo entero. Nuestra tecnología ha revolucionado la forma de vida de la humanidad y ha sido la principal fuerza impulsora de la globalización ... La revolución política y cultural que está ahora en proceso en Estados Unidos — marcada por la llegada de un nuevo Congreso republicano a Washington — está encaminada, por encima de todo, a acabar con la decadencia de nuestro sistema mediante la renovación del compromiso con los valores y principios que han hecho que la civilización norteamericana sea única en el mundo». Senador Newt Gingrich, Los Estados Unidos y los desafíos de nuestro tiempo.

Son muy pocos los analistas del sistema político norteamericano que relacionan el retorno masivo del «conservadurismo republicano» a los más importantes resortes de poder de ese país, con el largo y profundo proceso de transformaciones culturales y religiosas que vienen experimentando las bases blancas anglo-protestantes de la sociedad norteamericana en, por lo menos, las últimas dos décadas, y a ambas situaciones con el inicio de un conflicto civil (racial, económico, social y teológico) de grandes proporciones.

La clave de la nueva situación que se avecina puede ser graficada a partir de la imagen del iceberg: las escaramuzas que vemos en la superficie de la política norteamericana no son más que reflejos, efectos casi secundarios de «...un movimiento de fondo que ha llevado a ciertas capas de la sociedad estadounidense a formular en categorías evangélicas o fundamentalistas el rechazo a los 'valores seculares', que consideran dominantes y nefastos, y el anhelo de un cambio profundo de la ética social» (Gilles Kepel, La revancha de Dios).

A diferencia de lo ocurrido en la «era Reagan» (que, vista a la distancia, puede ser definida como una simple alteración de la política económica) lo que hoy se propone la nueva dirigencia evangélico/republicana es refundar lo que ellos llaman la civilización (norte)americana. El programa que contiene los objetivos políticos inmediatos del partido Republicano está contenido en un texto sugestivamente titulado Contrato con América. Tal «Contrato» se basa fundamentalmente en:

1. La reducción al máximo del aparato del Estado;

2. La supresión de casi todos los programas sociales;

3. La rebaja de los impuestos a los sectores superiores de la pirámide social;

4. El endurecimiento de la acción contra la delincuencia;

5. El impulso decisivo a los valores religiosos tradicionales (oración obligatoria en las escuelas);

6. La restricción casi absoluta de todo tipo de «ayuda exterior»;

7. El endurecimiento de la política hacia Rusia y el aceleramiento de la entrada en una OTAN norteamericanizada de los países de la Europa Central;

8. La redefinición del rol de los Estados Unidos en la ONU (los eventuales «cascos azules» norteamericanos no actuarán nunca bajo la conducción de ningún general extranjero), etc.

Se trata sólo de medidas de corto plazo muchas de las cuales ya han sido adoptadas por el Partido Demócrata- ya que los principales dirigentes políticos y religiosos que avalan el Contrato previeron un tiempo mayor, que ya está llegando a su fin, para derrotar a las «élites progresistas, esa pequeña facción de liberales contraculturales que están aterrorizados ante esta gran oportunidad de renovar la civilización americana» (Gingrich se refiere sin duda alguna a la Administración Clinton, actual impulsora del «multiculturalismo»).

La búsqueda de la nueva identidad norteamericana pasa hoy por un retorno decidido al individualismo y al calvinismo radical, con raíces en el valor del colono, en la confianza en el poder del individuo, en la fe sobre un sueño de éxito en una tierra de promisión. Esta última interpretación, que es genéricamente correcta, no logra sin embargo abarcar la diferenciada intensidad del nuevo movimiento que se avecina, luego de la caída de Clinton.

El nuevo conservadurismo norteamericano no es más que la expresión política superficial de un movimiento religioso y cultural profundo orientado a enterrar la «mentalidad liberal» y el «humanismo secular». Por debajo de los movimientos políticos están los movimientos religiosos y culturales que, por primera vez, son los que impulsan a los primeros. Por eso son tan importantes algunas cuestiones como la del rezo en las escuelas. A partir de allí los movimientos evangelizadores de base esperan lograr una nueva articulación entre la familia y la sociedad civil, impugnando la política educativa «sin Dios» que impulsa el Estado secular liberal.

Los activistas más destacados del movimiento tras la fachada política son los evangélicos, que han realizado en las últimas décadas una práctica social y educativa de gran significación en la sociedad norteamericana. Hacia finales de los años 60 «...esa práctica se ejercía en diferentes niveles, de la parroquia a la constitución de redes nacionales que se valen de los grandes medios -primero la radio y la prensa, luego la televisión- para difundir un mensaje de resocialización, de reconstitución de comunidades creyentes que, más tarde, de mediados de los 70 en adelante, apuntará a la transformación política de América por medio de la recristianización». (Gilles Kepel, op.cit).

Las profundas modificaciones que se están introduciendo en la composición étnica de la población del espacio norteamericano de la civilización occidental es un factor que afecta decididamente al decline de esa civilización -entendiéndola a partir de su proyecto fundacional. Entre 1980 y 2050 la población blanca descenderá del 80 al 52,8%: es decir se convertirá sólo en la «primera minoría» racial.

Estamos en presencia de un gran cisma espiritual que fue señalado por Toynbee como causa básica de la crisis de las civilizaciones : «...es el signo inequívoco de una ruptura espiritual que hiere las almas de los individuos pertenecientes a una sociedad en proceso de desintegración. En las expresiones sociales de esa desintegración, subyacen las crisis personales de conducta, creencia y vida, que son la verdadera esencia y origen de las manifestaciones visibles del colapso social» (Toynbee, El Estudio de la Historia).

No es en absoluto una casualidad que el terrorismo en los Estados Unidos de Norteamérica, ya definido como endógeno, fundamentalista, conservador y aislacionista, que se manifiesta en contra de las grandes megalópolis «internacionalizadas» (en verdad, multirraciales, con altos crecimientos en la tasa demográfica) de ese mismo país, eclosione en los espacios tradicionales de la «América profunda». La estructura ideológica del terrorismo fundamentalista norteamericano responde con absoluta exactitud al modelo que expone David Rapoport (en: Terrorismo sagrado): «La tarea fundamental es deshacerse del enemigo interno porque, sin apóstatas, los enemigos externos son impotentes».

En este caso el Enemigo Interno Nº 1 es un Estado Federal «globalizado». Ese Estado Federal -cosmopolita y multirracial (o poliétnico y multicultural)- dada la evolución actual de su base económica/productiva, no tiene otra alternativa que erradicar «los elementos fundacionales de los Estados Unidos» en función de la globalización internacionalista. Allí aparecen los «guerreros de la tradición», quienes representan «el período fundacional» (de la nación norteamericana) en el cual Dios (en su versión original calvinista y, luego, evangélica) estaba en contacto directo con la comunidad de los colonos/peregrinos. Nótese el paralelismo con el pensamiento de los colonos judíos fundamentalistas, que proviene de dos lecturas similares del Antiguo Testamento.

Esa internacionalización es la vía que llevará al Planeta, de una guerra civil occidental, a una guerra global intercivilizaciones. El funcionamiento del sistema internacional de las últimas décadas y sus proyecciones más probables pueden ser periodizados de acuerdo a la siguiente secuencia: Guerra fría, período de incertidumbre, paz fría (situación actual), guerra civil mundial o guerra global intercivilizaciones.

Antes hemos utilizado ex-profeso la palabra «tradición», porque la misma tiene un correlato causal con la estructura económico/productiva — asimismo «tradicional» en la doble dimensión agro e industrial — de la cual emergen estos grupos paramilitares, quienes se diferencian del terrorismo secular anterior porque sólo están legitimados por una determinada interpretación que hacen ellos mismos de su propio pasado, de su «período fundacional». El «viejo» terrorismo secular, en cambio «describe y evalúa un conjunto de tácticas diferentes, que funcionarán según lo indiquen la historia y la razón» (Rapoport, op.cit.).

Decadencia de la «civilización norteamericana»: embriaguez de victoria. Exceso de ambición. Una sociedad idolizada

Para explicar en términos culturales lo que hoy está sucediendo en el interior del Imperio transcribiremos un fragmento de un magno tratado de verdadera ciencia económica, que encierra una visión estratégica universal y atemporal: «Os quejáis de la agresión de enemigos externos. Mas si el enemigo externo cesara de hostigar, ¿serían realmente capaces los romanos de vivir en paz con los romanos? Si el peligro exterior de invasión por parte de bárbaros armados pudiera ser conjurado ¿no quedaríamos expuestos a una agresión civil, más feroz y pesada, en el frente interior, en forma de calumnias e injurias infligidas por los poderosos a sus más débiles conciudadanos? Os quejáis de las malas cosechas y de las hambres, pero las peores hambres no se deben a la sequía, sino a la rapacidad, y la más flagrante miseria nace del lucro excesivo y del aumento de precios en el mercado del trigo. Os quejáis de que las nubes no vierten su lluvia en el cielo, e ignoráis los graneros que dejan de verter su cereal en la tierra. Os quejáis del descenso de la producción y pasáis por alto el fallo en la distribución a quienes lo necesitan de lo que en la actualidad se produce. Denunciáis la plaga y la pestilencia, mientras que, en realidad, el efecto de tales calamidades es sacar a la luz o hacer comprender los crímenes de los seres humanos...» (San Cipriano, Ad Demetrianum, citado por Toynbee, en El Estudio de la Historia).

«Las civilizaciones han hallado la muerte no por causa del asalto de un agente externo e incontrolable, sino por sus propias manos» (Toynbee, op.cit.). En el siglo IV un obispo cristiano occidental llegó a la misma conclusión: «El enemigo se halla dentro de vosotros; la causa de vuestro error radica en vosotros. Os digo que se encierra sólo en vosotros» (Ambrosio, Hexameron I).

Toynbee expone un proceso universal que conduce al «colapso de las civilizaciones». Simplificándolo brutalmente, ese «mecanismo» macrohistórico funciona de la siguiente manera. En principio la catástrofe se origina en la «facultad de mimesis» y finaliza con la «amnesis de la creatividad». Una sociedad caracterizada por la producción de «máquinas» (que son cada vez menos «mecánicas») convierte a las relaciones sociales en un «mecanismo», y comienza a implementar respuestas «mecánicas» a problemas nuevos. Queda erradicada la iniciativa, es decir aquello que llevó a esa sociedad a la cúspide del poder. La sociedad se mimetiza con la máquina que ella misma ha construido. «El ritmo mecánico constituye el noventa por ciento de un organismo (socio/histórico), y está subordinado al resto, a fin de que ese otro diez por ciento de energía pueda concentrarse en la evolución creadora. Si dicho ritmo se extiende a la totalidad (socio/histórica) ésta se degrada hasta la monstruosidad de un autómata. La diferencia entre un noventa por ciento y un ciento por ciento de mecanización es toda la diferencia en el mundo. Y precisamente se trata de una diferencia entre una sociedad en crecimiento y una sociedad estancada... Una pérdida de la autodecisión es el criterio último del hundimiento, pues es la inversa del criterio de crecimiento» (Toynbee).

Cuando una civilización olvida que su rol es de creación y no de destrucción se genera un campo para que actúe «la envidia de los dioses». Según Herodoto: «No permite Dios que nadie se encumbre en su competencia». Pero en verdad se trata de una sociedad estancada que se destruye a sí misma. A partir del «olvido» de la creatividad, que se origina en la «embriaguez de la victoria» y en una «ambición excesiva» comienza el proceso terminal, consistente en la «idolización de un yo efímero»: «La idolatría puede definirse como una adoración intelectual y moralmente ciega de la parte en lugar del todo, de la criatura en vez del Creador, del tiempo y no de la eternidad» (Toynbee). No sólo las sociedades modernas idolizan a ciertas instituciones y a ciertas metodologías de pensamiento (democracia/ciencia, p.e.). «Un caso clásico en el que idolizar una institución condujo a una civilización entera al desastre, viene dado por el engreimiento de la cristiandad ortodoxa, que se consideraba como un espectro del Imperio Romano. Esta antigua institución cumplió su función histórica y completó su ciclo natural de vida antes de que la sociedad cristiana ortodoxa llevara a cabo su fatal intento de resucitarla» (Toynbee).

El punto final, en el que se encuentra actualmente la «civilización norteamericana», es la idolización de una tecnología y de una técnica militar efímera. «Antes del día fatal en que desafía a los ejércitos de Israel, Goliat ha cosechado tan rotundas victorias con su maciza lanza y su impenetrable armadura, que ya no puede concebir ningún otro armamento, y se considera invencible» (Toynbee).

Estados Unidos: capacidad de globalización y voluntad «aislacionista». De la estrategia de «contención» a la estrategia de «expansión»

El primer asesor de Seguridad Nacional del presidente norteamericano, Anthony Lake, expresó -durante la última semana de setiembre de 1993- el primer esbozo público y explícito de la concepción estratégica globalista.

Según Lake, esta concepción fue elaborada con el objeto de sustituir la estrategia de contención dominante durante la guerra fría. «La estrategia continuadora de la doctrina de contención debe ser de expansión - expansión de la comunidad libre de democracias de mercado del mundo» (Escuela de Estudios Internacionales Avanzados de la John Hopkins University).

Lake presentó los principales lineamientos dentro de los cuales el gobierno norteamericano escogerá sus opciones de política internacional. «Para ser exitosa una estrategia de expansión debe presentar distinciones y establecer prioridades». La nueva estrategia se desarrollará principalmente sobre cuatro prioridades.

La primera prioridad de la «estrategia de expansión», «debe ser el fortalecimiento de un núcleo conformado por las grandes democracias de mercado del mundo, así como los vínculos existentes entre ellas, revalorizando el sentido de sus intereses comunes». «El estancamiento económico y sus consecuencias políticas limitan una capacidad de acción decisiva de las grandes potencias democráticas en sus múltiples desafíos comunes, desde el GATT hasta Bosnia».

La segunda prioridad de la «estrategia de expansión» es ayudar a la democracia y a la economía de mercado a expandirse y sobrevivir en lugares como Rusia, Europa Oriental y otras regiones ex/comunistas, «donde tenemos las mayores preocupaciones de seguridad y donde podemos tomar la mayor ganancia. La meta es la transformación de países que en otro momento fueron amenazas, en socios económicos y diplomáticos».

Tercera prioridad: «Minimizar la capacidad de acción de Estados de fuera del círculo de la democracia y del mercado libre». Se procurará «aislar a esos Estados, en términos militares, diplomáticos, económicos y tecnológicos».

Cuarta prioridad: «Intervenciones humanitarias». Debe existir la decisión de intervenir. Vivimos en una época en la cual existen menos restricciones que en la época de la bipolaridad para intervenir en países extranjeros. Las intervenciones se justifican en la resolución de problemas de seguridad nacional.

El dato fundamental que caracteriza a la actual interacción de EEUU con el mundo, es la inexistencia de una voluntad acorde con los principios antes enunciados. Ello significa, en términos políticos, más «reacción» que «acción», más «control de crisis» que «manejo de crisis»; ello sugiere, en última instancia, ir detrás de los acontecimientos y no delante de ellos.

La lógica del poder — esto es, la de una política exterior global que pretenda mantenerse en la cúspide de las decisiones mundiales —

inevitablemente implica detentar la vanguardia y no la retaguardia en el devenir de los hechos. Significa necesariamente «estar» en el mundo. En ello se debate hoy, como en su origen, la «república-imperial»: la tensión entre aislacionismo y globalismo vuelve al centro de la escena.

Lo cierto es que hoy es impensable un liderazgo mundial sin una activa, clara y decidida participación, que asuma oportunidades y riesgos. La república-imperial, so pena de desmoronarse, no puede ya replegarse. Pero la tendencia al aislacionismo es muy fuerte, y el globalismo activo — base de toda política exterior de cualquier nación que pretenda detentar el rango de superpotencia — se encuentra hondamente fracturado.

El «destino manifiesto» de la nación estadounidense, y su labor «civilizatoria» — imposición de sus patrones fundacionales — se ven hoy desorientados en la actual situación mundial. Las indecisiones, la ausencia de coherencia y de definición ante potenciales y actuales problemas y conflictos, se tornan día a día más graves. Los acontecimientos internacionales a los cuales se ha enfrentado EEUU, muestran no sólo su desconcierto y confusión, sino también la ausencia de una política exterior cabal y la falta de una elaboración estratégica no convencional acorde a los actuales tiempos, para dirimir acontecimientos y retomar el pretendido liderazgo.

Desde el punto de vista de sus «capacidades», los EEUU están en condiciones de desarrollar una política exterior auténticamente global, esto es, de proyectar poder en busca del logro de ciertos patrones de equilibrio que le den gobernabilidad al sistema. Pero, desde el punto de vista de sus «voluntades» — y éste es el factor decisivo — los EEUU se encuentran fuertemente inclinados hacia el «aislacionismo», por varias y diferentes cuestiones, lo cual impide el desarrollo de una política exterior «activa», convencida y convincente.

La sociedad norteamericana está polarizada (como lo estuvo y lo está, en otro nivel y circunstancia, la francesa [y gran parte de la europea] en torno a Maastricht). Esa polarización implica una fractura de la sociedad prácticamente en sectores iguales y antagónicos. No es casual que en todos los últimos grandes referendums producidos en los países capitalistas centrales, en los que la cuestión de fondo estaba siempre referida a la relación nación/mundo, en todos los casos las sociedades se escindieron en un empate casi simétrico. En los últimos tiempos esta situación va cambiando sólo en un sentido. Hacia fines de 1997 el 80% de los alemanes estaba contra el «proyecto de moneda única»; sin embargo la casi totalidad de la clase política dirigente de ese país, a excepción de los movimientos nacionalistas, lo apoyaba casi sin fisuras.

El resultado final de esta disociación — hacia el mediano y largo plazo — es el de restar total operatividad a cualquier decisión que se adopte, porque la misma — cualquiera ella sea — carece de la fuerza social interior necesaria para respaldarla en el largo plazo dentro de un entorno crecientemente desfavorable. Surgen así políticas carentes de convicción (voluntad) porque son políticas que surgen del disenso. Esto es, de la polarización interior.

Las grandes decisiones exitosas de la política exterior norteamericana tuvieron siempre un fuerte respaldo social interior. Por el contrario, sus grandes fracasos siempre se originaron en fallas y fisuras localizadas dentro de la sociedad norteamericana. Los dos grandes ejemplos, de una y otra situación, siguen siendo: la entrada norteamericana en la IIGM (luego de Pearl Harbour) y la derrota de sus ejércitos en Vietnam.

La administración Clinton parece agudizar y llevar al límite esta disociación-polarización, este divorcio entre capacidades y voluntades. La inexistencia de «voluntad» y apoyo en la opinión pública norteamericana hacia una política exterior activa, que normalmente obliga a descuidar los problemas domésticos, no permite que la clase dirigente asuma sin complejos ni temores de censura, el papel dinámico en el escenario mundial para estar a la altura de los acontecimientos.

La ausencia de voluntad y convicción por parte de la opinión pública, está condicionada por los costos que tal liderazgo y tal política exterior requerirían a su nación, en un mundo tan incierto y conflictivo. Ello, no sólo por factores externos (¿Por qué intervenir y morir en guerras ajenas?), sino también por factores internos que tienen que ver con una nueva definición del concepto de seguridad nacional de la cual la opinión pública es consciente: seguridad nacional es hoy, una economía fuerte que revierta la situación de los EEUU como principal deudor mundial, así como el deterioro en los niveles de vida ejemplificados por la creciente marginalidad, por el deterioro de los seguros sociales, médicos, etc.; casi todos hechos percibidos por el electorado norteamericano como consecuencia de la «cruzada» estadounidense llevada a cabo años atrás contra el comunismo. Por estos y otros factores, la cohesión y la voluntad interna para ejercer un fuerte liderazgo en la escena mundial, no existen. Una política exterior creíble, cabal y efectiva, debe estar apoyada en la convicción de utilizar el poder en caso de ser necesario. Pero ¿qué es el poder sino la sumatoria de capacidades y voluntades?

La ruptura del orden bipolar

La segunda causa del desconcierto norteamericano y de la ausencia de una política exterior coherente y activa (más allá de los intereses específicos del lobby judío-norteamericano, y de otros intereses organizados étnicos específicos, como el polaco, el saudí, el irlandés o el armenio), que no sólo se dedica a reaccionar ante problemas y conflictos, debemos buscarla en la honda incomprensión del nuevo escenario internacional y la consecuente carencia de estrategias no convencionales.

En los últimos cincuenta años, EEUU definió «intereses» a partir de «amenazas»; esto es, militarizó su política exterior. La ex Unión Soviética se convirtió en el objetivo político-militar de la política exterior norteamericana. El orden bipolar redujo amenazas y simplificó, no sólo la definición de intereses, sino también la «vida misma», a la vez que unificaba voluntades internas — opinión pública — y externas — mundo occidental.

Los EEUU siguen hoy definiendo intereses a partir de amenazas. Pero quien define la amenaza principal no es la sociedad americana en su conjunto, sino, principalmente, el lobby judío de la «costa este». Lo cierto es que hoy, con innumerables e inciertas amenazas y riesgos, no pueden ya seguir definiéndose intereses, puesto que ha cambiado la naturaleza misma de las relaciones entre aquellos y las actuales «amenazas». Los riesgos y las amenazas de hoy no pueden «sólo» militarizarse, ya que atañen más que nunca a nuevas definiciones del concepto de seguridad nacional. No significa esto descartar postulados del «realismo» político, ni que el poder deje de ser el factor central de la política internacional, sino y por el contrario, significa que el poder adquiere hoy formas mucho más variadas que las de la simple fuerza militar.

El equívoco en la aplicación por parte de los EEUU de la vía militar en Somalía o en Haití, en Panamá o Irak, por sobre la salida política negociada, recuerda en buena medida — salvando coyunturas — el episodio de Vietnam. No alcanza muchas veces con ser el «más fuerte» para vencer. Y ello es especialmente cierto en esta fase de total hegemonía del lobby judío-norteamericano. Su extraordinaria potencia aparente es su gran debilidad, ya que la política exterior de este imperio sui generis depende de la viabilidad de un micro-Estado: el de Israel. No hay ninguna analogía posible con Roma. La ausencia de claridad estratégica es, sin dudas, el mayor enemigo actual de la misma nación norteamericana.

Desorientado, y al comprobar que su poder panóptico no resulta efectivo en conflictos tan concretos como cercanos — Haití, por ejemplo — EEUU se siente acechado por potencias «renovantes» o «Estados transgresores» — aquellos que pretenden modificar el status quo como única vía de mejorar posicionamientos -; esta situación obliga permanentemente a los Estados Unidos a definir hasta dónde está dispuesto a correr riesgos y comprometer recursos, en la determinación del nuevo mapa de poder de la pos-guerra fría.

Pero, en tal enfrentamiento, los EEUU se encuentran en situación de orfandad estratégica. De los elementos claves conformantes de toda estrategia — capacidades, objetivos, conceptos y voluntades — los EEUU poseen sólo, hoy, sin cuestionamientos, el primero de ellos. No obstante, tales «capacidades» norteamericanas se encuentran en declive merced no sólo al fortalecimiento de las capacidades y voluntades de actores secundarios, fundamentalmente los llamados «transgresores», sino también debido al deterioro de la misma situación interna estadounidense.

Agravando tal cuadro de orfandad estatégica, la confusión y el desconcierto norteamericano se profundiza al comprobarse la ineficacia de sus maniobras disuasivas, otrora exitosas. Ello no podía ser de otra forma, puesto que uno de los elementos centrales de la disuasión, es la proyección hacia terceros actores de la determinación propia. Pero ¿cómo puede existir determinación cuando se carece de la voluntad para la acción, cuando es un grupo concreto (lobby interno), y no «la Nación», quien define toda la política externa (e interna)?

Independientemente de los factores enunciados, los EEUU «desconocen» el mundo, debido a la «superioridad moral» que se autoadjudican. Ella es una herencia inequívoca de la lectura con ojos calvinistas del Antiguo Testamento o Biblia Hebrea. Esta superioridad, devenida en mandato moral destinado a enderezar el mundo (Tribunal de Nuremberg), en base a su misión civilizatoria enmarcada en la promoción de determinados valores — democracia, libre mercado, derechos humanos — alcanzó su cenit en la fundamentación de lo que se dio en llamar «el fin de la historia».

Pero la defensa y promoción de valores, sólo fue, es y será tenida en cuenta, después de que se hallan asegurado los intereses históricos vitales estadounidenses: seguridad, estabilidad y hegemonía. En tal caso, no sólo serán respetados aquellos valores sino, y también, utilizados con convicción y sin escrúpulos en la justificación de acciones «non sanctas». En este aspecto, EEUU sólo buscó siempre la Pax y no la Paz. Su política en Oriente Medio, encauzada por el lobby judío-americano, es la mejor demostración concreta de esta verdad genérica.

Hegel, Haushofer y Spengler

Así como en la Fenomenología del Espíritu, Hegel piensa a Napoleón, a su Imperio y al Estado Homogéneo Universal; el Polo Euroasiático fue profetizado por Oswald Spengler pero sobre todo por el general profesor Karl Haushofer. El distanciamiento norteamericano respecto de Europa y el resurgir de su aislacionismo, son cuestiones que habían sido señaladas por el general Haushofer hace ya siete décadas. Haushofer imaginó exactamente un teatro altamente conflictivo, dentro de «una gigantesca tempestad». De hecho Haushofer aconsejó, a los dirigentes alemanes de la época, favorecer todos los factores que tiendan a profundizar la tradicional vocación norteamericana por el aislacionismo. Cuanto más grande sea la distancia entre ambas márgenes del Atlántico, mayor será la seguridad de los pueblos del corazón terrestre (Heartland).

El acortamiento de la distancia entre ambas orillas de la Cuenca del Atlántico significa que los Estados Unidos deciden unir su suerte a la del Imperio Británico (Haushofer, 1925). Ello representa una situación de alto riesgo tanto para la Isla Mundial (Eurasia) como para el Satélite de la Isla Mundial (EUA). En 1930 Haushofer escribió estas proféticas palabras: «Nos enfrentamos hoy con un tipo de grandes potencias totalmente diferentes. Sólo un síntoma permanece sin alteración: la voluntad de poder y de expansión. Una estabilización de poderes en equilibrio no ofrece una solución final. Allí donde falta la voluntad de poder, el concepto de gran potencia carece de sentido, incluso cuando haya nacido en grandes espacios». Haushofer estaba convencido de que, en última instancia, los Estados Unidos retirarán de la mesa de juego su apuesta original por la dominación mundial, centrada en la lucha contra los nuevos imperios emergentes en el espacio euroasiático.

La estructura global y los segmentos de poder. Alemania, el Oriente Medio y el Asia Central

En abril-mayo de 1997 se produjo una crisis («Caso Mikonos») y una muy rápida solución de esa crisis entre Alemania (y, por arrastre, la UE) e Irán. Esa crisis y la forma y velocidad con que la misma se resolvió pone en evidencia los mecanismos del funcionamiento real del actual sistema internacional, en especial el relativo interés de Irán por Europa, que es simétrico respecto del interés de Europa (Alemania) por el Asia Central.

Esa relativa convergencia entre Irán y Europa se debe, naturalmente, al enorme peso geopolítico que adquirió el espacio persa a partir de su reinserción en el Asia Central (incluyendo a China, India y Rusia). Ello no viene sino a demostrar que un orden internacional con poder difuso ofrece a los actores no hegemónicos un grado de permisibilidad que en gran parte está delimitado por la propia capacidad del actor no polar (no polarizante) para realizar conductas independientes o autonómicas. Estas conductas autonómicas se potencian al distribuirse, por ejemplo, tecnologías militares estratégicas a partir de la desintegración de la ex URSS.

Estas conductas se miden tanto en términos de potencial propio, como en términos de capacidad de alianzas. Hay una relación entre el grado de permisividad que debe tolerar la «potencia hegemónica» y el grado de capacidad del actor secundario dentro de su propia «esfera de influencia».

Cuanto mayor sea la «difusión» del poder mundial, mayor será el potencial del «grado de capacidad» del actor secundario, quien a su vez demandará sucesivas ampliaciones del grado de permisividad de la «potencia hegemónica», que para ella será directamente proporcional a la pérdida de poder propio. Asimismo, cuanto mayor sea el grado y el alcance del conflicto, menor será la capacidad de control de la «potencia hegemónica».

Cuando el sistema bipolar anterior había alcanzado el punto máximo de consolidación (»guerra fría»), dentro de ambos bloques el grado de permisividad y el grado de capacidad eran, prácticamente, igual a cero. En un sistema tendencialmente apolar, o de distribución difusa del poder, tiende a ocurrir lo contrario, ya que en ese tipo de sistema el «orden» se basa en un equilibrio o balance de poder con cada vez mayor número de actores con capacidad equivalente de poder. Las alianzas centro-periferia son temporarias y se formalizan permanentemente nuevas alianzas periferia-periferia, cuando los equilibrios anteriores se rompen. La difusión del poder anula la permanencia de las primeras.

Desde hace un tiempo se viene percibiendo esta situación que podríamos definir como de eliminación del principio de las alianzas permanentes entre la potencia hegemónica y su Hinterland. Ello impulsa a la individualización de los actores en todos los segmentos del sistema, aun en el estratégico/militar. Actores menores buscan alianzas ad-hoc con otros actores menores dentro de una ampliación constante de los grados de permisividad y de capacidad.

La apolaridad es el límite de la difusión del poder, y por su naturaleza impide o dificulta la formación de bloques de seguridad colectivos, en beneficio de un equilibrio y de un balance nunca estratificado. El «orden» que se avecina, entonces, parece ofrecer lo contrario a alianzas permanentes y seguridades colectivas.

Si aplicamos estos principios al ámbito del «mundo occidental» en su conjunto comprenderemos la trascendencia de los cambios y la magnitud de las modificaciones estratégicas que originará la transición. A partir de ellos ya es posible imaginar una repolarización de Europa en un escenario con conflictos militares crecientes. Sobre ese espacio comenzarían a actuar actores y factores completamente distintos a los existentes durante la etapa bipolar. Fue precisamente la bipolaridad lo que desvió provisoriamente el curso de la historia en el mundo colonial, transformando las revoluciones raciales emergentes en meras «revoluciones nacionales» de «liberación».

Es altamente probable la emergencia de una crisis en el diseño de la Europa de posguerra, que finaliza en Maastricht, y no en la Europa de las Naciones. Tal fractura podría producirse a lo largo de la frontera que divide la Europa continental de la Europa marítima. Dentro de la Europa continental existen innumerables fracturas menores que perdurarán hasta que surja un nacionalismo hegemónico. La larga cadena de sucesos que vienen atenazando a la política interior y exterior francesa tienen su origen en su progresiva asfixia geopolítica. Desde hace muchos años, y a diferencia de lo que sucede con Alemania, Francia no encuentra la posición adecuada a su potencialidad. Excluida de África, sin posibilidades de mayores penetraciones ni en Asia ni en Iberoamérica, dentro de un diseño europeo contrario a sus tradiciones de gran potencia marítima y/o continental, según las circunstancias, está aparentemente condenada a ser un «Estado más» dentro de Maastricht. Contra esto surje la rebelión del Frente Nacional, que es lo más alejado que existe de una expresión política meramente coyuntural.

Francia se aleja de la nueva dinámica europea que se produce, dentro del siguiente concepto estratégico enunciado por Colin Gray, en base a los presupuestos de la geopolítica clásica: «El mundo, reducido a sus elementos esenciales relativos al poder, está formado por una superpotencia de la región central que está en una lucha continua y permanente con la superpotencia marítima e insular, en relación al control efectivo de las regiones periféricas y de los mares marginales de la 'isla mundial'» (La geopolítica en la era nuclear).

Lo novedoso de estos tiempos es que el polo euroatlántico no necesariamente será la prolongación de los Estados Unidos en Europa, como lo es hoy la Europa de Maastricht (»El pilar europeo de la OTAN»). La clave de este problema está localizada en la relaciones futuras que se establezcan entre Francia y Alemania. Una Francia re-nacionalizada puede o no coincidir con una renacionalización de Alemania. Si Alemania continúa siendo el principal aliado europeo de los Estados Unidos, la línea de conflicto será «la frontera del Rin». Si Alemania también se re-nacionaliza, no habría, en ese caso, un polo euroatlántico en contraposición a un polo euroasiático. En ese caso habría un «nacionalismo» hegemónico «bipolar», con capacidad de acción hacia el Atlántico y hacia el Pacífico (Mediterráneo e Índico). Tal sería el resultado probable de una nueva alianza franco-alemana, con ambos Estados re-nacionalizados, es decir, fuera de los proyectos OTAN/Maastricht.

La re-nacionalización de Alemania pasará inexorablemente por la recuperación de su identidad. Ello exige una operación previa, que es un «ajuste de cuentas» con una falsa historia impuesta por los vencedores de la segunda guerra civil europea (II GM) en 1945. En ese sentido el trabajo sistemático de intelectuales como el alemán Ernst Nolte o los franceses Paul Rassinier y Robert Faurisson no sólo son de una extraordinaria importancia para el futuro de Alemania y de Europa: asimismo mantienen una estrecha relación con las alternativas que emergen en Oriente Medio, Asia Central, Rusia y otras zonas de crisis en esta época de tránsito hacia la apolaridad.

No existe hoy en el mundo ni una sóla cuestión que pueda ser analizada de forma aislada respecto del funcionamiento global de la estructura. Muy por el contrario, muchos factores de crisis, aparentemente regionales o locales, unifican y relacionan escenarios aparentemente distantes unos de otros. Es imposible aislar, en ese sentido, la evolución de las políticas interiores de Francia y de Alemania — por ejemplo — de la crisis cada vez más aguda que vive el Oriente Medio. La evolución de la «cuestión judía» a lo largo de la historia contemporánea de Alemania es algo que hoy no puede escindirse del comportamiento político del Estado de Israel, a partir de su fundación en la inmediata segunda posguerra civil europea (1948). Quiérase o no, el mundo árabe-musulmán depende en grado sumo — y viceversa — de la forma a través de la cual Alemania reasuma esa cuestión en un futuro inmediato, en su proceso de re-nacionalización en búsqueda de su verdadera identidad.

Esa relación es asimismo directa para el caso francés. Mucha gente hoy en día confunde la presencia de 4 millones de musulmanes en territorio francés metropolitano, con las relaciones futuras entre una Francia re-nacionalizada y el mundo árabe-musulmán. Esas relaciones que hacen a la naturaleza del mundo actual no están simplemente dadas, es necesario descubrirlas y explicarlas. Ese es el camino que conduce, precisamente, a la adquisión de un nuevo conocimiento referente a un mundo nuevo.

La «ruptura del mapa»

Este concepto tiene una lectura estratégica, económica e institucional. Significa que sólo excepcionalmente (emergencia de una nueva alianza franco-alemana) pueden coexistir dos o más «centros de poder» dentro de un mismo espacio. Durante un cierto tiempo podrían compartir un mismo espacio económico (la antigua CEE, por ejemplo). Pero los ritmos de integración serán radicalmente distintos en el plano estratégico.

No es casual que Europa Occidental tenga espacio económico común al mismo tiempo que demuestra sus carencias en los planos de una política exterior y de una política de defensa común. No tiene ni tendrá política exterior común ni integración defensiva común. Y ello por una razón básica: porque Europa Occidental no conforma, en sí, una región estratégica. Fue el resultado de una construcción negociada de un mapa que reflejó una relación de fuerzas que ya no existe (la Europa de posguerra).

Europa resurgirá sólo cuando demuestre capacidad para neutralizar los cuatro núcleos de poder marítimos actualmente administrados por las flotas norteamericanas (en el sentido y en la dirección señalados por Alfred Mahan desde 1890: The Influence of Sea Power upon History,

1660-1783), que son: a) el Mediterráneo; b) el Occidente europeo hasta el Rin; c) el Atlántico Norte (centro de gravedad del sistema); y, d) el archipiélago japonés.

Para ello debe conectar los cuatro núcleos de poder continentales, que son: a) El espacio del Éufrates, desde el Turkestán a Paquistán. Ese espacio ha sido el escenario sucesivo del Imperio Persa, del Imperio Sasánida, del Califato de Bagdad y del Imperio Otomano; b) Mongolia y Norte de China, donde se ha desarrollado el Imperio Han, el Imperio de Genghis-Jémidas y el Imperio de los To-Tsing; c) la región central rusa (Imperio de los Zares); y, d) la Europa Central (Mitteleuropa), con base en la potencialidad germánica. El proyecto geopolítico alemán, propuesto por el general Haushofer, era un diseño geográfico destinado a conectar políticamente esos cuatro grandes polos de poder continental. Esa área de poder era ampliable al archipiélago japonés, transgresor por excelencia, a través de China.

Estamos presenciando una nueva etapa de la política mundial, en la cual los dos componentes básicos del poder global (Mundo Marítimo/Mundo Continental) iniciarán una competencia planetaria totalmente desprovista de ropajes ideológicos. Por lo demás el Mundo Marítimo podría quedarse sin su componente europeo, en caso de producirse una convergencia de nuevo tipo entre Berlín y París.

En caso de que se reproduzca un conflicto franco-alemán, el polo continental y el polo marítimo volverían a actuar a la tracción sobre Europa Occidental, generando dos tipos de movimientos geopolíticos completamente distintos, ambos con sus respectivas proyecciones económicas y culturales. La prevista ampliación de la OTAN hacia el este, destinada a proteger los negocios de una Alemania «atlantizada», es un movimiento que conducirá inexorablemente a producir una línea de fractura en la «frontera del Rin».

La «crisis del Golfo» de los años 90/91 pertenece a un escenario estratégico que ya no existe. Puede ser vista como una acción militar anglonorteamericana para evitar el intento de Bagdad de darle al espacio del Éufrates el valor de un polo continental, con un fuerte contenido militar. Los polos marítimos, excepto el del archipiélago de Japón, reaccionaron contra ese intento, mientras los polos continentales se abstuvieron.

El PEAS (Polo Euroasiático) está en condiciones potenciales de movilizarse hacia el Éufrates, que hoy está geopolíticamente vacío pero donde siempre hubo un poder terrestre muy significativo. El derrumbe del sistema soviético y la aún no articulada Mitteleuropa, hizo que el intento de Irak por llenar militarmente ese polo continental fuese tratado por el Mundo Marítimo como un acto de perturbación. Bagdag o bien se había atrasado, o bien se había adelantado a su época.

Es curioso que algunos apologistas del Apocalipsis de San Juan visionen la caída de la Europa moderna y liberal cuando se seque el Éufrates: «Europa apóstata amenazada por una barbarie no peor que ella misma». El Espacio del Éufrates es una región políticamente fragmentada desde la descomposición del Imperio Otomano en 1918. Fue otra de las obras maestras de la Inteligencia del poder naval británico, lograr la continuidad de esa fragmentación creando Estados artificiales e ilegítimos.

Dos sistemas de intereses antagónicos se abren ante el mapa de Europa diseñado a fines de la II GM y culminado en el Tratado de Maastricht. Por un lado, la recreación de los dos polos que tradicionalmente traccionaron y dividieron la geografía europea. Por otro, un nuevo acuerdo franco-alemán. La línea divisoria entre ambos está en la evolución de las respectivas políticas interiores de ambos Estados.

En el PEAT (Polo Euroatlántico) predominará la defensa del norte contra el sur. Ello es ya perfectamente visible en la actual estrategia de la OTAN. La desaparición del enemigo principal (Este, mundo eslavo, orden comunista) conducirá necesariamente a la fragmentación de esa alianza militar, de mediar un cambio en la política interior alemana, en concordancia con la francesa. En caso contrario, la OTAN actuará no ya contra el orden comunista, sino contra el desorden poscomunista, percibido por la actual dirigencia de Bonn como inviabilizador de la expansión alemana hacia el Este.

Casi nada, en casi ningún lado, parece estar bajo control. Para no reiterar la cadena de sucesos dramáticos que sacuden a África, señalemos que ni Europa Occidental ni los Estados Unidos (de hecho, la evolución económica norteamericana está cada vez más tensionada por la bifurcación entre su economía real y su economía formal) escapan a este proceso de descontrol global, que es de naturaleza estratégica.

El creciente proteccionismo, la formación de bloques y el impulso de conflictos económicos dentro del mundo de los llamados Estados poshistóricos, representó un macroproceso que se fue enlazando progresivamente con el creciente deterioro económico y social del espacio poscomunista y, sobre todo, con la situación en Oriente Medio.

Una Rusia crecientemente humillada finalmente no buscó un nuevo diálogo (un «retorno a Rapallo») con una Alemania geopolíticamente satisfecha luego de haber extendido su protectorado sobre Eslovenia, Croacia e importantes zonas de Bosnia (pero sobre todo satisfecha por haber logrado la expansión de la OTAN hacia su zona de influencia «natural»: el mundo eslavo). Por primera vez en la historia, teóricamente, la flota alemana podría tener acceso al Mediterráneo a través de la costa Dálmata. Este fue uno de los grandes sueños del almirante von Tirpitz. Y no representa precisamente el colmo de la felicidad ni para Londres ni para París.

Capítulo 5. Una forma de generación de poder: la producción de inteligencia

Pero el enemigo es una fuerza objetiva... El enemigo auténtico no se deja engañar... Cuidado, pues. No hables ligeramente del enemigo. Uno se clasifica por sus enemigos. Te pones en cierta categoría por lo que reconoces como enemistad. Es fatal el caso de los destructores que se justifican con el argumento de que hay que aniquilar a los destructores. Toda destrucción es autodestrucción. El enemigo, en cambio, es lo otro.

Carl Schmitt, Ex Captivitate Salus.

La Inteligencia como nueva forma de conocimiento y condición de supervivencia

Lo que en mi opinión está haciendo el comandante Chávez es intentar salir de una posición internacional subalterna ya insoportable, que conlleva necesariamente una decadencia social interna casi irreversible.

Pero para salir de esta situación debemos comenzar por elaborar un nuevo pensamiento, una nueva visión sobre nosotros mismos y una nueva concepción sobre el mundo que nos rodea. Esto significa que no podemos señalar una salida sin antes definir un nuevo sistema de ideas que se origine en una recuperación de la identidad. Una redefinición de lo que somos y de lo que nos rodea, realizada en función de lo que podemos ser a partir de la permanente transformación de lo que nos rodea.

La dependencia y subsidiariedad de un país pueden ser medidos por su incapacidad de producir Inteligencia, en especial, Inteligencia Estratégica. Los enredos a que es sometido un Estado periférico se originan en que, en una coyuntura específica, alguien (agente externo) seleccionó para ese Estado un tipo específico de información. Esa información así seleccionada — para un Estado subalterno — no sólo no refleja la verdad de los sucesos (en su dimensión «objetiva») sino que además perjudica sustancialmente (aún más) la posición en el mundo de ese Estado subalterno. Es así como la subsidiariedad de un Estado (su dependencia respecto de otros) puede definirse a partir de la incapacidad de ese Estado para producir su propia Inteligencia Estratégica.

Cada país hace Inteligencia según cómo se percibe a sí mismo en relación con los demás. La actividad de Inteligencia es un instrumento preciso y complejo que mide el concepto que cada país tiene de sí mismo. Es su miseria o es su grandeza.

La Inteligencia es el reflejo de la capacidad cultural de que dispone una comunidad. Es, o debería ser, la expresión más refinada de su «filosofía nacional». Naturalmente la inteligencia debería ser una actividad reservada a sujetos inteligentes. Debería ser el producto de los mejores cerebros del país en áreas relevantes, tanto dentro como fuera del gobierno. Ello suele ser así en los países con vocación hegemónica, o en aquellos que se encuentran en un ciclo de esplendor histórico. Suele suceder lo contrario con los países con vocación de pequeñez y de servilismo.

La Inteligencia es causa y efecto de un pensamiento nacional. La Inteligencia es el prólogo del conocimiento, y la calidad de ambos definirá con toda precisión qué es cada país y quién es quién dentro de cada país. La Inteligencia tiene por función máxima generar poder a través de la preparación adecuada del conocimiento exacto que se necesita en el aquí y ahora nacional e internacional.

La Inteligencia sólo puede ser concebida como un todo orgánico: no puede haber compartimientos estancos (sólo diferenciaciones funcionales) entre inteligencia interior e inteligencia exterior, ni entre inteligencia táctica e inteligencia estratégica, ni entre inteligencia civil o inteligencia militar.

La Inteligencia debe ser el sistema superior de conocimiento que se estructure a nivel de Estado. La Inteligencia es el máximo grado de complejidad que puede alcanzar la institucionalización de un pensamiento científico interdisciplinario con vocación nacional, es decir, orientado a diferenciarnos, a fundamentar nuestra identidad. Debe ser un pensamiento complejo no sólo para entender a un mundo complejo. Debe ser un pensamiento concebido para diferenciar y complejizar (toda diferenciación es una complejización) al espacio nacional.

El Estado/nación (o la tribu, o el imperio o el área cultural diferenciada, o cualquiera sea el parámetro que nos defina e identifique) es un «sistema» cuya supervivencia depende de las evoluciones de un «entorno» (resto del mundo). Las constantes modificaciones que sufre el «entorno» exigen diferentes respuestas por parte del «sistema». Cuando el «sistema» no está en condiciones de responder a los cambios que se operan en su entorno, en ese momento el sistema (la comunidad nacional o el Estado/nación, o la tribu) desaparece, se «gasifica», se licúa en el entorno. Eso ocurre inexorablemente cuando alguien del «entorno» le selecciona la información al «sistema». En este caso, el «sistema» carece de energía para elaborar su propia información, es decir, el conocimiento necesario para permanecer en el mundo en condiciones de diferenciación y de identificación.

La Inteligencia entendida como «capacidad de anticipación»

Los físicos ubican a la termodinámica como modelo de «proceso irreversible». Casi ninguna ciencia social ha adoptado ese modelo, lo que resulta incomprensible, ya que las ciencias sociales trabajan con objetos que por definición son «procesos irreversibles». La naturaleza de los procesos sociales es su irreversibilidad. Absolutamente todo proceso social es irreversible.

Al igual que en termodinámica, el tiempo es la variable capital. Así, la segunda ley de la termodinámica — entropía — es absolutamente aplicable a cualquier sistema social. Todo sistema social pierde energía con el tiempo. Todo sistema social o termodinámico tiene pérdida de energía: es entrópico por naturaleza. El mantenimiento de las constantes vitales del sistema, en esas condiciones, exige una constante alimentación, que en nuestro modelo será dada a través de la Anticipación o Inteligencia.

La Anticipación es una de las características principales que utiliza el «sistema» para diferenciarse del entorno. El objeto de la Anticipación es alimentar a la Diferenciación como única alternativa de supervivencia. En el límite de la no/diferenciación está la muerte. Un organismo o un sistema existe sólo si se diferencia.

Definiremos como «sistema social» a la organización específica que adopta un grupo de hombres que intercambia masa, energía e información con el resto del mundo. Fuera de las ciencias físicas, la masa es la capacidad global para producir poder, la energía es la forma en cómo ese poder se re/produce (fuentes de generación de ese poder), y la información es el modo en que el sistema conoce al entorno (conociéndose a sí mismo y des/informando al entorno)

La alimentación del sistema, su defensa permanente contra el frío (decadencia) entrópico, tiene por objeto primordial mantener y/o incrementar el grado de diferenciación del sistema (Estado o tribu), respecto del entorno (resto del mundo). Sin esa diferenciación, sistema y entorno sería un todo continuo. No existiríamos como Estado/nación, ni siquiera bajo la forma genérica de «pueblo» o «cultura». Sencillamente no existiríamos. Cuanto mayor sea la diferenciación, mayor será la capacidad del sistema para extraer poder del entorno.

Toda diferenciación implica un conflicto. La existencia de conflicto entre sistema y entorno nos habla de la vitalidad del sistema. El sistema, para sobrevivir, debe determinar la naturaleza del conflicto con su entorno, debe decidir sobre el tipo de conflicto que desea mantener con el entorno.

Si desaparece el conflicto, desaparece la vida. El entorno percibe al sistema sólo si éste logra diferenciarse. El entorno tenderá a reprimir la diferenciación del sistema.

Pero sucede que en el entorno está instalada la incertidumbre (la apolaridad). Esto quiere decir que gran parte de su capacidad de reprimir está anulada. La impotencia del entorno respecto de la capacidad de diferenciación del sistema le hace posible al sistema retroalimentarse a través de la Anticipación, esto es, de la Inteligencia. La Inteligencia se convierte así en el principal alimentador de un sistema por naturaleza entrópico. Cuanto más incierto es un entorno, más complejo debe ser un sistema, la complejidad es la defensa del sistema ante un entorno incierto pero también agresivo. La incertidumbre (agresión) debe conducir al incremento de su capacidad de anticipación. La capacidad de anticipación es directamente proporcional a la producción de poder.

La incertidumbre instalada en el interior del entorno significa que los parámetros de adaptación del sistema al entorno cambian constantemente. Para adaptarse a esos cambios, es decir para sobrevivir, el sistema debe autoreorganizarse en forma permanente. La mayoría de las veces, la supervivencia sólo se alcanza al lograr una rebelión contra el entorno.

Toda rebelión del sistema contra un entorno incierto permite la supervivencia del sistema. Toda rebelión es una «catástrofe», esto es, una bifurcación. Es la ruptura de la linealidad, es el imperio de lo no lineal. Se deben producir tantas catástrofes (bifurcaciones) cuantas necesidades de adaptación surjan para asegurar la permanencia del sistema.

Las catástrofes permiten que el intercambio de masa, energía e información entre el sistema y su entorno se realice en beneficio de la diferenciación del sistema. Para ello debe existir una específica capacidad de anticipación que actúe como alimentación para estar en capacidad de oponernos a una entropía sistémica.

«Entorno» y «sistema» entendido como sistema comunicacional

Elegir pertenecer a un sistema significa definir la «frontera» que nos separa de su entorno. Se trata de una superficie permeable al paso de informaciones en las dos direcciones: del sistema al entorno y del entorno al sistema.

La información que va del sistema al entorno es uno de los canales centrales de la «pérdida de energía del sistema». Se trata de un canal con muchas bandas: la información sale del sistema a través de la política exterior, la inteligencia, la contrainteligencia, a través de empresas y servicios de inteligencia de otros países, etc. La salida de información, así verificada, desenergiza al sistema, le quita poder.

La información que va del entorno al sistema también es de naturaleza múltiple. Se origina en distintos otros «sistemas» (Estados), organizaciones económicas internacionales, empresas multinacionales, distintos grupos de presión, etc. El tipo de información que entra al sistema desde el entorno tiene por objeto desdibujar las fronteras sistema/entorno y limitar al máximo las posibilidades del sistema para desarrollar su complejidad, es decir, su diferenciación.

El intercambio comunicacional entre la parte y el todo, entre el Estado/tribu/nación y el Resto del Mundo, es doblemente entrópico. El sistema pierde energía cuando envía sus mensajes y cuando recibe los mensajes .

Ello es así porque el sistema es un «sistema dependiente». Lo que significa que no ha logrado la suficiente diversidad de comportamiento respecto del entorno. Los mensajes que envía al entorno no logran penetrar la presión del «ruido» que produce el entorno. Su energía decreciente no logra producir mensajes con la suficiente redundancia. De tal manera, los sensores del entorno no son capaces de registrar los mensajes del sistema. Así, para el entorno, ese sistema no existe. No existe porque no es sensorializado, y no es sensorializado porque el mensaje emitido es débil.

La no sensorialización del sistema por parte del entorno significa con absoluta claridad que el sistema se debe reorganizar a sí mismo con el objeto de producir mensajes (información) lo suficientemente nítidas como para atravesar el ruido de un entorno sumido en la incertidumbre. La otra opción, inexorable, es la extinción del sistema, su absorción por el ruido y otras incertidumbres del entorno.

El tipo y la forma de Inteligencia -y de su contrapartida, la Contrainteligencia- que estamos tratando de definir tiene por función: a) unificar el mensaje del sistema y darle la redundancia (volumen) suficiente para atravesar el ruido que produce la incertidumbre del entorno y, b) producir una distorsión en los mensajes emitidos por el entorno (Contrainteligencia) de manera de proteger el proceso de diferenciación interior, que es el único escudo existente contra el incremento de la entropía del sistema que provoca su situación dependiente.

Uno de los mecanismos contemporáneos que más influyen en la desenergización de los sistemas (dependientes) está constituido por las acciones de los grandes centros educativos, como el Massachusetts Institute of Tecnology y la Harvard University. En esas instituciones, y en otras similares, los alumnos provenientes de universidades ubicadas en países periféricos son sometidos a procesos neoconductistas basados en investigaciones sobre procesos cerebrales que finalmente conducen a dotar de capacidad de gerenciamiento sobre procesos sociales llamados de «reingeniería». La reingeniería busca nuevos modelos de organización social, dando por supuesto que en los individuos se ha producido una ruptura con las «tradiciones». Los individuos están desarraigados y por lo tanto ya no piensan; pueden ser conducidos.

La forma de producir inteligencia es, o debe ser, distinta y hasta contradictoria respecto de países que ocupan diferentes posiciones jerárquicas en el «(des)orden» internacional.

La forma de producir Inteligencia debe reflejar con extrema exactitud la naturaleza de la Idea que anima a un país. Esta puede estar estructurada en función de aceptar una posición subalterna y miserable en el mundo. O bien puede expresar una voluntad nacional con un contenido muy diferente. En ese caso la Inteligencia debe estar orientada a producir conocimiento destinado a modificar esa actual posición subalterna.

Capítulo 6. Cuatro enfoques finales sobre la Venezuela del comandante Chávez

Madrid, agosto de 1999

Estos cuatro artículos fueron publicados -durante el mes de agosto de 1999-en los dos principales periódicos de Venezuela: El Nacional, los dos primeros, y El Universal, los dos últimos.

El 25 de julio de 1999 o la mochila del Presidente

El 25 de julio de 1999 representa un punto de inflexión, para Venezuela y para el resto del mundo hispano-criollo, allí donde éste se encuentre, en el norte, en el centro o en el sur de ambas masas continentales americanas. Esa fecha simboliza el momento a partir del cual se cristaliza el doble proceso de una opción política que -para muchos- parecía difusa o incomprensible: un movimiento de concentración de poder -en el interior-, y una consolidación de la legitimización -hacia el exterior-, a todo lo largo y lo ancho del «hemisferio occidental». El 25 de julio fue el punto a partir del cual el pasado ya no existe: sólo queda vivo el futuro. Recién a partir de allí se comprende lo siguiente: «La orden que emite el pueblo de Venezuela el 6 de diciembre de 1998 es clara y terminante. Una persona física, y no una idea abstracta o un «partido» genérico, fue «delegada» — por ese pueblo — para ejercer un poder. La orden popular que definió ese poder físico y personal incluyó, por supuesto, la necesidad de transformar integralmente el país y re-ubicar a Venezuela, de una manera distinta, en el sistema internacional» (Norberto Ceresole, Caudillo, Ejército, Pueblo, Caracas, febrero de 1999).

Lo primero -la concentración de poder libremente decidida por la comunidad venezolana- es sólo una herramienta, aunque imprescindible para operar e incidir sobre la historia aún no realizada. Fue, además, un trabajo táctico impecable realizado por el Presidente. Lo segundo es el aspecto estratrégico que nunca se debe perder de vista. Si el proceso venezolano no alcanza una proyección continental en un «tempo» histórico razonable, morirá por asfixia, a causa de las presiones, realizadas por un mundo hostil falsamente globalizado, que en algún momento se convertirán en insoportables.

Lo relevante es que el presidente Chávez ha demostrado que el poder no reside en el hecho de habitar en Palacio: el poder es la suma ordenada de dos elementos: el amor activo del pueblo y la lealtad de los ejércitos. Por lo tanto el poder se puede ejercer tanto desde Palacio como desde el monte, siempre y cuando se lleve lo fundamental dentro de la mochila: ese amor activo del pueblo y esa lealtad de los ejércitos. Y siempre y cuando el presidente lleve consigo -en todo momento- su mochila, aún cuando vista con ropas civiles. Y aún en el caso extremo imaginable -pero altamente improbable en el corto y medio plazo- que sea desalojado de Palacio por el salvajismo global, lo que lleva en su mochila le permitirá ejercer el poder allí donde esté.

Algunos de los representantes locales de esa globalidad son los falsos intelectuales «democráticos», que se quedaron de pronto sin discurso. La emergencia contundente de una nueva legitimidad los dejó -literalmente- mudos. Este es un hecho -dicho sea de paso- que los ecologistas deberían agradecer: ya no hay tanto ruido en el mundo.

El enorme fallo de la «intelligentzia» venezolana -en especial de su ala mayoritaria, que incluye a algunos ex-guerrilleros de fin de semana ahora reconvertidos al izquierdismo liberal- fue su adscripción incondicional al sistema, del cual además se nutren física e intelectualmente. Su calamidad actual se origina en el hecho de que nunca tomaron en serio a Hugo Chávez, hasta el 25 de julio de 1999, que es el momento en que el error deviene -para ellos- en tragedia. Parapetados detrás de una historia falsamente cerrada o supuestamente ya finalizada, que en todo caso debería transitar por rumbos prefijados, siempre lo consideraron un fenómeno molesto pero pasajero. Un accidente en la ruta: desagradable pero solucionable. Muchos plantean la cuestión a nivel patológico: como si

Venezuela hubiese sido invadida por la Wehrmacht mientras ellos se ven a sí mismos como heroicos resistentes, preferiblemente franceses. Se tragaron hasta la última gota el cuento de la historia oficial. Hasta tal punto se tragaron los mitos de este siglo que ya son incapaces de percibir la realidad y, mucho menos, de enfrentarse con la verdad. Por culpa de sus doctorados en universidades norteamericanas se han convertido en ignorantes hasta los tuétanos: administradores marginales de una «ciencia» -la occidental-iluminista-que ya no explica nada pero lo justifica todo.

Ahora es el momento de ejercer el poder que en Venezuela se generó por la acción de tres y sólo tres factores: el Pueblo que señala y «ordena» («ordena» en el sentido de directiva y en el sentido de «ordenación», eclesiástica, por ejemplo) a un Caudillo, y los Ejércitos -de tierra, mar y aire- que se subordinan a esta orden-ordenación y se colocan -mayoritariamente y por íntima convicción- como escudo protector de una nueva dinámica histórica.

Nada surge en la historia que no hubiese estado ya en ella aunque más no sea como esperanza largamente reprimida (y autorreprimida), como deseo confuso pero persistente. La preeminencia final de ese deseo-esperanza es lo que explica la actualidad. Todo lo que se había construido sobre ella era falso: por eso la caída de todo un sistema político (muy pronto habrá que hablar prioritariamente del sistema económico) fue inmediata y casi sin estrépitos. No hubo resistencia ni la habrá en un futuro inmediato. Sin embargo en algún momento ésta será inyectada, una vez más, desde el exterior. Y allí volverá a manifestar toda su capacidad de destrucción el factor económico, si es que no se lo reestructura a tiempo, convirtiéndolo en un elemento controlable dentro de una estrategia nacional-continental de largo plazo. *El Nacional,*Caracas, lunes 2 de agosto de 1999.

La Asamblea Nacional Constituyente y el nuevo orden mundial

No es difícil darse cuenta que en la Europa gobernada por esta extraña confluencia entre la «izquierda del centro» y el «centro de la izquierda» (o «tercera vía») se está desarrollando una hostilidad creciente hacia la nueva singladura histórica emprendida por la Nación Venezolana. Esa hostilidad es como una borrasca por el momento estética y cultural: aún no ha trascendido al plano de lo estrictamente político.

Extraña figura la de estos muchachos -los «amigos íntimos de Clinton»- que se pasan el día hablando de «humanismo», y que cuando llega la noche ordenan bombardear a países enteros. Ya han provocado -entre

Serbia e Irak, Oriente Medio y muchos otros lugares del mundo- mucha más muerte y destrucción que una docena de «dictaduras sudamericanas» -de las de antes- actuando al unísono en tiempo y espacio.

Esta percepción sobre la Venezuela de hoy no es en absoluto accidental. Todo lo contrario, ella está en el núcleo de la «nueva cultura» que informa a este cosmopolitismo desordenado y anárquico llamado «nuevo orden mundial». Es decir que no está basada sólo en la ignorancia de lo que en realidad está pasando en estos momentos en Venezuela. Refleja el resultado de una extraordinaria acumulación de prejuicios negativos, que se trafican en el mercado bajo la forma de «conocimiento académico»: una de las nuevas ciencias despóticas que es ya la razón de ser de este nuevo orden. Desde hace muchos años, desde los inicios de la última posguerra mundial, se trata de entender lo que sucede en la América hispano-criolla a partir de un error fundacional: llamar «América Latina» a esa enorme región cultural. Pretendieron entendernos a partir de la «Revolución Francesa», que a su vez es el «verdadero» inicio de la «historia verdadera», o «humana»: el punto en que la historia se desprendió de la prehistoria, según nos dicen.

El dogma, hoy, es que las dictaduras en «América Latina» son lo contrario a las democracias. Ante semejante conclusión de esta teología laica y universalista uno no sabe si reír o llorar. A lo largo de toda nuestras vidas hemos visto cómo ambos sistemas conformaron, siempre y en todos los casos, una perfecta continuidad histórica. Sabemos que, salvo momentos excepcionales en los distintos países, siempre gobernaron los mismos bajo distintas formas, ya que fue esa continuidad (y no la preeminencia temporal de uno u otro sistema, que se iban sucediendo en el tiempo por caprichos estratégicos de la potencia hegemónica) lo que aseguró nuestra destrucción y nuestra virtual inviabilidad nacional. Esa continuidad fue la que preservó la permanencia en el poder de un bloque social siempre dócil a los dictados, «democráticos» o «autoritarios» del Mundo Central, según las épocas.

Sobre semejante prejuicio se ha construido además una estética aplicable a la totalidad del universo político y no sólo a esa región del «tercer mundo» que fue llamada «América Latina». Apenas aparece un líder con uniforme militar se lo señala como algo más que un dictador en potencia: se dice de él que es «casi» un dictador, o que «debe ser», por definición, un dictador; porque lo contrario sería alterar sustancialmente un modelo de análisis con pretensiones dogmáticas y universalistas. A partir de allí es igual lo que haga ese líder: inexorablemente será convertido en dictador, porque los uniformes, en «América Latina» pertenecen a la «naturaleza» de las dictaduras (según estos muchachos que hoy manejan el mundo en tanto gerentes delegados de un orden económico devastador).

Este es el clima cultural externo que enmarca la inauguración de la Asamblea Nacional Constituyente en Venezuela. Que nadie se equivoque. Hay una diferencia estética y ética esencial entre un uniforme militar venezolano y un uniforme militar inglés hoy, en Kosovo, por ejemplo. Hasta los uniforme militares alemanes ya re-instalados en los Balcanes son ahora democráticos. Pero nunca, nunca será democrático un uniforme militar que pretenda reemplazar, en «América Latina», las funciones que la nueva dogmática tiene reservadas para sus monigotes de la «izquierda del centro», o del «centro de la izquierda».

Esos desnaturalizadores pretenden que la Constituyente deje de ser una instancia imprescindible para racionalizar administrativamente el poder, y se convierta en un mecanismo de «distribución» o licuación del poder. Es decir, en proceso entrópico que produzca una pérdida acelerada de energía política. La Constituyente no ha sido el resultado independiente de la orden popular ya emitida el 6 de diciembre de 1998, es ya una parte indesligable de la misma. Porque ello es así, los constituyentes — en tanto personas físicas — son los «amigos del pueblo», los «apóstoles» del presidente por él designados.

Esta Constituyente emergió fundamentalmente de la relación Caudillo-masa. Ese poder así producido debe comprenderse como un objeto físico que, si se fractura o «distribuye» o disuelve, se «gasifica» y, automáticamente, se licúa y diluye. La des-concentración del poder es el gran objetivo de la dogmática del nuevo orden, porque ella fue siempre el antecedente inexorable de la muerte de cualquier estrategia social, cualquiera que haya sido su signo ideológico, su «tempo» histórico o su campo de aplicación (nacional o internacional). La concentración es imprescindible para la producción de poder con un entorno exterior agresivo como el actual, ya que el Poder es la principal escala de medición de toda acción política en cualquiera de sus niveles. El Nacional, Caracas, sábado 7 de agosto de 1999 (www.el-nacional.com)

Inteligencia y geopolítica. Carta abierta a mis amigos constituyentes

En este momento no existen en Venezuela ni las ideas ni las instituciones con capacidad para medir los impactos estratégicos que producirá el desarrollo progresivo del proceso venezolano en el mundo. No existe la capacidad para relacionar los cambios internos con los conflictos externos. De lo que se trata, por lo tanto, es de elaborar una Inteligencia Estratégica que pueda ser utilizada por el Presidente de la República para la valoración de los impactos externos que originará una determinada resolución de esos problemas internos de Venezuela, en estas circunstancias revolucionarias. Es deseable que ese trabajo se desarrolle bajo la conducción de las Fuerzas Armadas pero con participación creciente de instituciones civiles de nivel universitario.

Contra lo que muchos analistas académicos sostienen, la naturaleza actual del sistema internacional posibilita maniobras y contramaniobras, alianzas y contra-alianzas mucho más intensas y profundas que las que se podían hacer en otras épocas. Será necesario encontrar sus puntos de fractura, para incidir sobre ellos y así lograr que esta Venezuela en proceso revolucionario se «filtre» por las grietas del sistema internacional y logre adecuados niveles de seguridad o de supervivencia.

En la base del proceso orientado a lograr un alto grado de protección para los cambios que se realizarán en Venezuela está el trabajo para «internacionalizar» -en todo el espacio hispanoamericano- la figura carismática de Hugo Chávez. Ello obedece a un principio esencial de la Estrategia: la respuesta más eficaz a las agresiones externas será el incremento del propio poder (la única respuesta al poder es el poder). A partir de la sucesiva ampliación de ese liderazgo originalmente venezolano, las agresiones provenientes de otras áreas del mundo podrán ser amortiguadas con mayor eficacia y, paralelamente, las necesidades de Venezuela — en Europa y los EUA, sobre todo — podrán ser resueltas con mucha mayor «liquidez». Se trata, en definitiva, de incrementar el poder de Venezuela en el mundo, que hoy es, en un sentido estricto, in-significante.

Para todo ello será necesario disponer de Inteligencia Estratégica.

Cada país hace Inteligencia según como se percibe a sí mismo en relación con los demás. La actividad de Inteligencia es un instrumento preciso y complejo que mide el concepto que cada país tiene de sí mismo. Es su miseria o es su grandeza.

La dependencia y subsidiaridad de un país pueden ser medidos por su incapacidad de producir Inteligencia, en especial, Inteligencia Estratégica. Los enredos a que es sometido un Estado periférico se originan en que, en una coyuntura específica, alguien (agente externo) seleccionó para ese Estado un tipo específico de información. Esa información así seleccionada — para un Estado subalterno — no sólo no refleja la verdad de los sucesos (en su dimensión «objetiva») sino que además perjudica sustancialmente (aún más) la posición en el mundo de ese Estado subalterno. Es así como la subsidiariedad de un Estado (su dependencia respecto de otros) puede definirse a partir de la incapacidad de ese Estado para producir su propia Inteligencia Estratégica.

La Inteligencia es el reflejo de la capacidad cultural de que dispone una comunidad. Es, o debería ser, la expresión más refinada de su «filosofía nacional». La Inteligencia es causa y efecto de un pensamiento nacional.

La Inteligencia es el prólogo del conocimiento, y la calidad de ambos definirá con toda precisión qué es cada país y quién es quién dentro de cada país. La Inteligencia tiene por función máxima generar poder a través de la preparación adecuada del conocimiento exacto que se necesita en el aquí y ahora nacional e internacional.

La Inteligencia debe ser el sistema superior de conocimiento que se estructure a nivel de Estado. La Inteligencia es el máximo grado de complejidad que puede alcanzar la institucionalización de un pensamiento científico interdisciplinario con vocación nacional, es decir, orientado a su diferenciación, orientado a fundamentar su identidad. Debe ser un pensamiento complejo no sólo para entender a un mundo complejo. Debe ser sobre todo un pensamiento concebido para diferenciar y complejizar (toda diferenciación es una complejización) al espacio nacional.

La forma de producir inteligencia en Venezuela deberá ser distinta y hasta contradictoria respecto de países que ocupan otras posiciones jerárquicas en el (des)orden internacional. La forma de producir Inteligencia deberá reflejar con extrema exactitud la naturaleza de la Idea que hoy anima a este país. La producción de Inteligencia Estratégica deberá expresar una voluntad nacional con un contenido muy diferente. Estará orientada a producir conocimiento destinado a modificar la posición in-significante que ocupa Venezuela en el mundo, luego de décadas de manipulaciones «democráticas» y de «penetraciones» institucionales.

Pero como en Venezuela no se elabora Inteligencia Estratégica, el gobierno actual no percibe la verdadera naturaleza de la agresión. En esta Europa gobernada por esta extraña confluencia entre la «izquierda del centro» y el «centro de la izquierda» (o «tercera vía») se está desarrollando una hostilidad creciente hacia la nueva singladura histórica emprendida por la Nación Venezolana. Esa hostilidad es como una borrasca que asoma en el horizonte, por el momento estética y cultural: aún no ha trascendido al plano de lo estrictamente político.

Esta percepción europea sobre la Venezuela de hoy no es en absoluto accidental. Todo lo contrario, ella está en el núcleo de la «nueva cultura» que informa a este cosmopolitismo desordenado y anárquico llamado «nuevo orden mundial». Es decir que no está basada sólo en la ignorancia de lo que en realidad está pasando en estos momentos en Venezuela. Es una «concepción del mundo» -la actual- y refleja el resultado de una extraordinaria acumulación de prejuicios negativos, que se trafican en el mercado bajo la forma de «conocimiento académico»: una de las nuevas ciencias despóticas que es ya la razón de ser de este nuevo orden.

Dentro de esta «nueva cultura» debe ser analizado.

El «caso» Vargas Llosa

El Presidente se equivoca totalmente al pretender singularizar esta situación. No estamos ante un ataque personal sino institucional. Dentro de la ridícula dicotomía actualmente vigente, es una reacción natural del «mundo post-histórico» ante perturbaciones en principio incomprensibles que ocurren en el «otro mundo», en el de los Estados que aún viven en el nivel de la «proto-historia». Y esas perturbaciones son especialmente desagradables porque parecen indicar la presencia de situaciones que habían sido definidas por la dogmática neoliberal como «políticamente incorrectas»: la historia parece que no discurre siempre por el mismo camino, ni siquiera podemos estar seguros de que haya un cierre o final de la misma, lo que dejaría al «mundo central» literalmente desprotegido: ni post-historia salvacionista ni proto-historia condenatoria (según nos aseguraban hasta hace muy poco los teólogos del nuevo orden, los que ponían el «cielo» en el primer mundo y el «infierno» en el tercero).

A comienzos del año 1992, pocas horas después de producirse el golpe de Estado militar, se inicia en Argelia una carnicería que dura hasta el día de hoy. Los detalles de ese proceso, terroríficos y escalofriantes, los obviaremos en este informe. El ejército argelino, «laico y democrático», educado a «la francesa», había desalojado del poder, y por la fuerza, al partido popular que había triunfado amplia y democráticamente en las anteriores elecciones de 1991, el Frente Islámico de Salvación.

Todos los intelectuales europeos «progresistas» apoyaron, desde un primer momento, ESE golpe militar. Sin mencionar ni al gas ni al petróleo, se señaló en cambio los enormes peligros que significaría un país del Mediterráneo occidental en manos del «fundamentalismo islámico». Los militares eran, en cambio, el brazo armado del pequeño sector secularizado de la sociedad argelina. Y, por lo tanto, una proyección de la cultura europea. Carecía por lo tanto de toda importancia la opinión política de la inmensa mayoría de la población argelina no secularizada: en un sentido estricto esa mayoría pertenecía a la proto-historia (eran los habitantes de un infierno muy particular). Fue así como uno de los principales países del Magreb, principal proveedor de gas y petróleo de Francia y España, a poco más de una hora de vuelo desde París, comenzaba su Vía Crucis militarista, bendecida por el progresismo secular europeo.

El 9 de febrero de 1992 el señor Mario Vargas Llosa publicó en «El País» de Madrid un artículo de opinión titulado «¿Dios o la espada?» (era la época en que el escritor peruano estaba gestionando su nacionalidad española, que finalmente vino de la mano del propio Felipe González). Allí no sólo se solidarizaba con los militares argelinos laico-golpistas, sino que ensayaba una justificación completa de esa operación:

La democracia es imposible sin un avanzado proceso de secularización que. disocie el poder político del religioso. En los países mayoritaria o totalmente musulmanes, la secularización no existe. Y al amparo de una religión dogmática y omnipresente en todas las manifestaciones de la vida, es inevitable que prosperen las dictaduras, expresión natural de aquella manera de pensar y creer.

Ante la opción de una eventual «dictadura antisecular», que aún, por supuesto, no se había realizado, los intelectuales post-históricos no vacilan: proponen una dictadura secular «prêt-à-porter», apoyada en el racionalismo europeo, contra una población que había sido espacio colonial exprimido por ese racionalismo «humanista».

Pero los embates del españolizado Vargas, miembro prominente de la secta Moon, principal abanderada del capitalismo salvaje, no terminan en la estigmatización del Islam. El catolicismo es asimismo uno de los grandes responsables de que haya dictadores en el mundo no islámico. Si no fuera por la Reforma protestante el cristianismo sería tanto o más opresivo que el Islam:

»El cristianismo no fue menos dogmático y omnipresente que el Islam y, sin reforma protestante y lo que ello trajo consigo -justamente un irreversible proceso de secularización en Occidente-, todavía estaría tal vez quemando herejes, censurando libros impropios y proveyendo una cobertura moral y filosófica para el absolutismo de los príncipes» (Vargas Llosa, op.cit, «El País», 9-2-92).

Como vemos su visión del mundo es en un todo coherente con la fundamentación histórica de los orígenes del capitalismo, en tanto sistema «fin de historia». No sólo rescata el «progreso» de la «Reforma», es decir, de la legalización de la usura; asimismo señala, dentro de la más pura tradición historiográfica del judaísmo (los socios mayoritarios de los «reformistas» o evangélicos), la perversión intrínseca del catolicismo romano.

Sin percibir que el gobierno de Chávez parece ser más evangélico que católico, arremete contra el proceso venezolano, quien al día de hoy no dispone de

Una respuesta geopolítica a las agresiones exteriores

Hacia el final del Congreso de Panamá el Libertador Simón Bolívar se encontraba en la cumbre de su poder. Era Presidente de la Gran Colombia, Dictador del Perú y Presidente de Bolivia, lo que significaba que ejercía el poder directo en seis de las hoy inviables repúblicas de la actual «América Meridional». Pero además, el general Guerrero, en México, le había ofrecido el cargo de «generalísimo de los ejércitos americanos» y la entonces República de Centroamérica, luego fracturada en cinco miniestados, ordenaba colocar su retrato en todas las oficinas públicas. Después de la batalla de Carabobo la República Dominicana se incorpora a la Gran Colombia, mientras la isla de Cuba le envía representantes para buscar ayuda. En el lejano sur, la Legislatura de la Provincia de Córdoba, hoy territorio de la moribunda Argentina (segundo Estado de la República Federativa del Brasil gracias al Mercosur), resolvía «.levantar tropas para. proteger a los pueblos oprimidos, poniéndose de acuerdo con el Libertador Bolívar, por medio de un enviado encargado de promover una negociación al efecto». En medio de las sangrientas guerras civiles argentinas, la idea de una Confederación Americana se abría paso con la energía liberadora de una fuerza magnética.

En ese momento mágico de nuestra historia, donde todo hubiese sido posible, las alarmas se encendieron en Londres. El plan original, el que elaborara Pitt junto con Miranda años antes, no era ese. Las grandes logias masónicas inglesas, esos lobbies positivistas pararreligiosos del capitalismo británico, aspiraban a la destrucción de esa vasta, compleja y extraordinaria arquitectura geopolítica que representaban las provincias americanas españolas. Su objetivo era producir republiquetas -más o menos como las actuales- cada una de ellas centrípetamente ligadas al mercado inglés y sin ninguna relación entre sí. Esto era básico y fundamental. La idea de la Confederación de la América Meridional, el gran diseño geopolítico del Libertador en esa etapa -necesariamente final- de su vida, producía una profunda inquietud en Londres, en especial en la élite de la burguesía, la Masonería de Rito Escocés, quien era la que había impulsado y seguiría impulsando, al ritmo exacto de los acontecimientos europeos, y buscando siempre su «equilibrio», la «independencia latinoamericana».

Es así que se produce la caída y la muerte del Libertador, apenas alcanzado el momento de su máximo esplendor y poder. Para realizar esta operación Londres recurre de inmediato a la segunda línea de sus cuadros, los grandes traidores de la Patria Americana, los «próceres» de su fractura y minimización; en definitiva, los representantes ilustrados de los grandes puertos centrífugos del continente: Valparaíso, El Callao, Guayaquil, Cartagena, La Guaira, Puerto Cabello, Montevideo y Buenos

Aires. Es esa oligarquía exportadora la que termina por definir a su favor - que es el de la «civilización»- las guerras civiles; es ella, aquí y allá, la que traza fronteras irracionales, fronteras contra natura (las mismas que aún hoy nos agobian), y son ellos, nuestros «padres» oficiales de la patria pequeña y miserable, los que lumpenizan hasta el salvajismo a cada uno de sus pueblos. Cada una de esas oligarquías se fortalece, independientemente de las otras, pero cada día, todas y cada una de ellas, privilegiando su dependencia con Londres.

Así estamos hoy. Las viejas logias de Londres con poder decreciente ante los vigorosos lobbies norteamericanos, en especial los de Costa Este... Republiquetas enteras agonizan porque su inviabilidad es manifiesta. Como es el caso de la Argentina, que fue el banco de pruebas del experimento más extremo de neoliberalismo en toda la América Meridional. Todas las falsas «integraciones» también están en crisis. Tal vez haya llegado el momento de ensayar la única integración posible: la bolivariana. Ella implica poner en marcha pueblos y ejércitos (y no meras cuestiones «económicas»), y pensar, en definitiva, en un gobierno para toda la América Meridional. Es necesario revalorizar viejos conceptos, como el de la «Gran Colombia» y el de la Argentina Andino-Pacífica. Será de la confluencia de ambos de donde saldrá nuestro espacio geopolítico liberado: nuestra única posibilidad de supervivencia.

Las cuestiones geopolíticas son proyecciones esenciales de la política interior venezolana, ya que ellas son elementos básicos y determinantes de la viabilidad de la Nueva Venezuela. La oportunidad es única: los pueblos están pauperizados y engañados, y por lo tanto políticamente vacantes; y los ejércitos castrados, destruidos y humillados, ergo, angustiosamente necesitados de liderazgos. Es el aspecto estratrégico de la revolución lo que nunca se debe perder de vista. Si el proceso venezolano no alcanza una proyección continental en un «tempo» histórico razonable, morirá por asfixia, a causa de las presiones, realizadas por un mundo hostil falsamente globalizado, que en algún momento se convertirán en insoportables. El Universal, 20 de agosto de 1999: http://politica.eud.com.

Defensa y seguridad en América Meridional. Cuatro elementos esenciales en el proyecto constitucional del presidente Chávez

Antes del comienzo de la era cristiana los estrategas chinos sostenían que:

Las tropas son el gran sostén del Estado: de ellas depende la vida o la muerte de los súbditos, el engrandecimiento o la decadencia del Imperio. No hacer serias reflexiones acerca de lo que les concierne, no trabajar para su buena preparación, es demostrar una indiferencia demasiado grande por la conservación o la pérdida de lo más valioso.

El ejército debe conducirse de modo que el pueblo tenga siempre motivo para creer que, si tiene las armas en la mano, es sólo para defenderlo, y que si consume víveres es para poner a salvo las siembras y las cosechas.

En mi opinión, cuatro son los elementos esenciales que informan los Títulos VII (El sistema de seguridad y defensa nacional») y VIII (De las relaciones internacionales) del proyecto constitucional enviado por el presidente Chávez a la ANC:

- La existencia de un sólo y único brazo armado de la Nación;

- El derecho y el deber de todos los ciudadanos para armarse en defensa de la Patria;

- El mantenimiento de la Fuerza Armada cooperando y promoviendo el desarrollo tecnológico y económico de la sociedad y;

- La capacidad que se adjudica Venezuela para suscribir tratados anfictiónicos orientados a promover nuevas formas de integración en el espacio estratégico de la «América Meridional».

1. La necesidad de disponer a las distintas Fuerzas como un sólo y único brazo armado al servicio de la Nación (»Se constituye la Fuerza Armada Nacional, la cual tiene como misión proteger la soberanía de la Nación, asegurar la integridad territorial y participar activamente en el desarrollo nacional»), es un principio filosófico capital, que yo he desarrollado extensamente para el caso argentino, luego de la experiencia de la guerra de Malvinas (1982) y de la frustrada insurgencia carapintada (1990). En toda la «América Meridional», durante las últimas décadas, las distintas políticas de defensa estuvieron profundamente interesadas en lo contrario,

1. en mantener en compartimientos estancos a las distintas Fuerzas que componen el poder militar de la Nación. Las separaciones y las diferencias -de todo tipo- entre ellas debían ser importantes y crecientes. Esto facilitaría las penetraciones externas, las dispersiones y las mutuas anulaciones interiores y, en definitiva, terminaría colapsando el poder militar de la Nación. La política de la defensa de la Revolución Nacional debe representar la antítesis de la vieja concepción. Es decir, entenderá a las distintas Fuerzas como un único brazo armado al servicio de la Nación» (Ver: Norberto Ceresole, «Tecnología Militar y Estrategia Nacional, política y economía de la defensa», Pleamar-ILCTRI, Buenos Aires, 1991).

2. El derecho y el deber de todos los ciudadanos para armarse en defensa de la Patria es la «profundidad defensiva», propiamente dicha. Es la dimensión que potencia hasta el límite la defensa nacional. El principio de la «profundidad defensiva», que es vital en países con poblaciones relativamente escasas pero sobre todo mal distribuidas en territorios enormes, es al mismo tiempo democrático y revolucionario. Es democrático porque implica confianza en el pueblo, convenientemente encuadrado y conducido por oficiales y suboficiales profesionales; y es revolucionario porque facilitará enormemente el control efectivo de una geografía -y no sólo de los espacios fronterizos- que hoy no está dominada por el Estado.

3. La participación de una fuerza armada única -es decir, integrada bajo un mismo mando (misma concepción, misma doctrina, misma administración)- en el desarrollo económico de la Nación, es un concepto estratégico absolutamente coherente con los dos

anteriores -ya señalados- y sobre todo con la existencia de una Venezuela definida como «país anfictiónico. El crecimiento del potencial militar debe significar desarrollo económico. Es necesario establecer y consolidar una relación eficaz y positiva, en base a un proyecto de crecimiento, entre los sectores civil y militar de la sociedad. La relación pueblo/ejército también pasa por el grado de desarrollo del complejo industrial y científico de la Nación. él debe constituir uno de los elementos centrales de un gran proyecto nacional movilizador de voluntades colectivas» (Norberto Ceresole, op.cit., p.34.) Todo este libro está dedicado a fundamentar el desarrollo de una economía de la defensa y de una industria de la defensa, que a partir de ahora puede diseñarse a la escala continental de la «América Meridional».

4. Estos tres grandes pilares sostienen la voluntad de Venezuela de promover «.la integración política, económica y social» de los pueblos de la América Meridional, «. a través de todos los mecanismos posibles, pudiendo (el Estado venezolano) suscribir Tratados o Anfictionías que garanticen la igualdad, la equidad y la reciprocidad» (Título VIII, De las relaciones internacionales). Pocos días antes de conocerse la segunda parte del proyecto constitucional del presidente, en mi «Carta abierta a mis amigos Constituyentes», hice una extensa referencia al tema de la «integración estratégica», cuyo desarrollo práctico es absolutamente imposible sin una posición claramente anfictiónica por parte de Venezuela:

»Todas las falsas «integraciones» también están en crisis. Tal vez haya llegado el momento de ensayar la única integración posible: la bolivariana. Ella implica poner en marcha pueblos y ejércitos (y no meras cuestiones «económicas»), y pensar, en definitiva, en un gobierno para toda la América Meridional. Es necesario revalorizar viejos conceptos, como el de la «Gran Colombia» y el de la Argentina Andino-Pacífica. Será de la confluencia de ambos de donde saldrá nuestro espacio geopolítico liberado: nuestra única posibilidad de supervivencia. Las cuestiones geopolíticas son proyecciones esenciales de la política interior venezolana, ya que ellas son elementos básicos y determinantes de la viabilidad de la Nueva Venezuela. La oportunidad es única: los pueblos están pauperizados y engañados, y por lo tanto políticamente vacantes; y los ejércitos castrados, destruidos y humillados, ergo, angustiosamente necesitados de liderazgos. Es el aspecto estratrégico de la revolución lo que nunca se debe perder de vista» (Ver: El Universal, política.eud.com, desde el 20 de agosto de 1999).

En definitiva, lo que ha logrado el presidente Chávez, por primera vez en la «América Meridional» de las últimas décadas, es definir con total exactitud una política de defensa en base a una «teoría del enemigo», estratégica y filosóficamente correcta:

»¿Qué es la defensa? Es la vertebración profunda e instrumental de una enemistad. En una situación crítica, la enemistad es el principio informador de la Estrategia. La enemistad del otro hacia mí me plantea la necesidad de una confrontación. Yo debo articular mi defensa en función de ella» (Norberto Ceresole, op. cit. p. 329). Este trabajo, de 462 páginas, será puesto en Internet próximamente. En la Argentina, donde se editó en 1991, fue distribuido en exclusiva por la Librería El Ateneo, de Buenos Aires. De todos los míos, éste fue el libro que con más interés leyó el comandante Chávez, desde que nos conocimos en 1995. El Universal, http://política.eud.com, 27 de agosto de 1999.

6.1. Anexo documental (I). El extraño caso de José Vicente Rangel, ministro de Relaciones Exteriores de Venezuela.

Fuente: Congreso Judío Latinoamericano

Boletín OJI. Nº 668 de Mayo de 1999.

Email: counselors@counsnet.com

«Mi conducta en la vida se inspira en la epopeya del pueblo judío» —dijo el Canciller de Venezuela en el acto central de Iom Hashoá

Caracas (OJI) — La conmemoración comunitaria central del Día de Rememoración de los Mártires y Héroes de la Persecución Nazi (»Iom Hashoá»), organizada por la Confederación de Asociaciones Israelitas de Venezuela (CAIV) y el Comité Venezolano de Iad Vashem, se honró con la presencia del ministro de Relaciones Exteriores, Dr. José Vicente Rangel; el embajador de Israel, Yosef Haseen — quien encendió una de las seis velas dedicadas a la memoria de otros tantos millones de judíos asesinados por el hitlerismo y sus cómplices -; y miembros del cuerpo diplomático acreditados en el país.

El presidente de la CAIV, Sr. Elieser Rotkopf, destacó en sus palabras la inquebrantable fe con la que el pueblo judío supo enfrentar esa oscura etapa de la historia de la humanidad, y testimonió que Venezuela recibió un número considerable de sobrevivientes. «Aquí se formaron — dijo — muchos hogares que hoy disfrutan de absoluta libertad de culto, lo que nosotros sabemos apreciar».

En su discurso, el ministro Rangel señaló que cuando se reivindica el sacrificio del pueblo judío, no solamente se refiere ello a algo que atañe solamente a una nación en particular, sino a la humanidad toda, y expresó: «Confieso que mi conducta en la vida se inspira en la epopeya del pueblo judío. Así he criado a mis hijos y a mis nietos. Es una epopeya que inspira la lucha por la vida, por la dignidad del ser humano».

Dos sobrevivientes de los campos de concentración prestaron su testimonio en el acto: la Sra. Trudy Spira fue maestra de ceremonia y organizadora del mismo, y la Sra. Ruzena Engel de Sterba narró su dramática experiencia, siendo la única sobreviviente de su numerosa familia, y habiendo pasado los años de su adolescencia como prisionera en el siniestro infierno concentracionario nazi.

Los alumnos del colegio comunitario hicieron también sentir su voz, dando a esta asamblea un sentido de transmisión del legado judío y de la determinación juramentada por los héroes y mártires de la Shoá: aquel horror no será jamás olvidado ni nunca más repetido.

(Información: CAIV).

La CAIV repudió declaraciones de un negador de la Shoá

Caracas (OJI) — La Confederación de Asociaciones Israelitas de Venezuela (CAIV) manifestó en un comunicado difundido por la prensa nacional, su repudio por las declaraciones de Norberto Ceresole, netamente antijudías y cuestionadoras de las ideas democráticas.

La CAIV señaló al respecto que las afirmaciones vertidas por Ceresole «van en clara contraposición al pluralismo intrínseco de la democracia y a la justicia del ser humano, propios de los conceptos de igualdad que reinan en la sociedad venezolana». El liderazgo comunitario judío, encabezado por el presidente de la CAIV, Elieser Rotkopf, se reunió con el canciller de la República, José Vicente Rangel, produciéndose — señala la prensa local — «un intercambio de opiniones en torno de diversos temas de palpitante actualidad en el ámbito venezolano y la necesidad de aunar esfuerzos e iniciativas en aras de superar los difíciles momentos que atraviesa el país». Asimismo, la dirigencia comunitaria tuvo un encuentro con Ricardo Combellas, director ejecutivo de la Comisión Presidencial de la Constituyente. Tema central de esta reunión fue profundizar la información acerca del referéndum nacional a fin de modificar la Constitución vigente y analizar la participación de la comunidad.

Sobre la actuación de Ceresole

Buenos Aires (OJI) — El semanario israelí editado en idioma español *Aurora* informó que «el ministro de Relaciones Exteriores de Venezuela, José Vicente Rangel, despreció las teorías revisionistas del Holocausto». Añade esta noticia que Rangel, «descalificando al sociólogo argentino Norberto Ceresole, partidario de acabar con la democracia formal (...), calificó de «despreciables» las afirmaciones de Ceresole en el sentido de que en el Holocausto murieron 400.000 judíos y no los seis millones aceptados por la Historia».

En Buenos Aires el periódico judío «Comunidades», ha publicado una nota informativa en la que se refiere a los antecedentes de agitación antijudía protagonizados por la persona de referencia, entre ellos un libro publicado en la capital argentina y en Madrid en la que el autor achaca la autoría de la destrucción de los edificios de la Embajada de Israel y la AMIA en Buenos Aires a factores de «la derecha israelí». También afirmó Ceresole que tanto la expulsión de los judíos de España en 1492 como la Shoá de seis millones de judíos a manos de los nazis, jamás ocurrieron en la realidad. «Cabe recordar — señala la nota de «Comunidades»- que en la Argentina, Ceresole fue un acérrimo defensor y difusor del golpista y conocido antisemita Mohamed Alí Seineldín».

También reproduce «Comunidades» un reportaje que el diario «El Nacional» de Caracas le hizo a Ceresole en la que éste insiste que, en lo atinente a la Shoá, «la historiografía seria ya admite que los muertos no llegaron a 400.000» y abunda en denuestos antiisraelíes, pretendiendo que «Israel significó la expulsión y la matanza de un pueblo que vivía allí».

Caso Ceresole: nota del ministro de RR.EE. a la CAIV

La comunidad hebrea se ha caracterizado por ser un auténtico paradigma de virtudes ciudadanas». En el Boletín Informativo OJI N°667, correspondiente a abril de 1999, se informó sobre la inquietud suscitada en la comunidad judía de Venezuela por las actividades de agitación de Norberto Ceresole, un negador de la Shoá. En este contexto la CAIV recibió una carta de José Vicente Rangel Vale, ministro de Relaciones Exteriores, quien señala en la misma su complacencia por la misiva que le fue remitida oportunamente por dicha Confederación representativa de la comunidad judía, «mediante la cual tienen a bien expresarme su reconocimiento por las recientes declaraciones emitidas por mí en respuesta a falaces comentarios expresados por el Sr. Norberto Ceresole. «Reafírmoles — dice el ministro venezolano de RR.EE. — el apego de la República a los inquebrantables principios de Paz, Justicia y Libertad cuya vigencia y salvaguardia garantiza plenamente el Gobierno del Presidente Hugo Chávez Frías. Desde los primeros albores de su historia, Venezuela ha sido santuario de credos políticos y religiosos que, en fraternal armonía y tolerancia, aportan día a día su esfuerzo creador al engrandecimiento del país y al progreso de sus habitantes. Dentro del crisol de culturas que enaltecen el gentilicio venezolano, la comunidad hebrea se ha caracterizado por ser un auténtico paradigma de virtudes ciudadanas cuya contribución al desarrollo nacional resulta digna de encomio.

Esta carta del canciller Rangel fue enviada «en vísperas de las celebraciones sagradas de la fiesta de Pésaj», por lo que «hago propicia la oportunidad para augurar a todos los miembros de la Confederación de Asociaciones Israelitas de Venezuela, en nombre del Gobierno, del pueblo de Venezuela y en el mío propio, los más sinceros votos de paz, ventura y prosperidad. ¡Jag Sameaj!» (Información: CAIV).

Anexo documental (II)

Marzo-mayo de 2000

Luego de publicado mi libro (Caudillo, Ejército, Pueblo: la Venezuela del Comandante Chávez), primero en Madrid, luego en Beirut (en árabe, para todo el mundo Árabe) y finalmente en Caracas (reproduciendo la edición española), se sucedieron acontecimientos que señalan la conveniencia de producir una profunda reconducción del proceso venezolano. Sólo un grupo de patriotas, civiles y militares, sin ningún tipo de ataduras ni de dependencias con el «saco de gatos», puede romper esta inercia destructiva que se ha apoderado de Venezuela, aportándole el presidente Chávez nuevas claves para lograr la continuidad del proceso revolucionario.

Los 10 artículos que se reproducen a continuación, que fueron publicados por la prensa venezolana con posterioridad a la aparición del libro antes citado, tienen todos un mismo objetivo: aportar a esa reconducción, y apostar por ella. Pero ya sabiendo que el «mal ejemplo» cunde por toda la América Meridional.

Por supuesto que me declaro «culpable» de haber sido el principal (y por qué no decirlo: el único) impulsor del «modelo chavista» fuera de las fronteras de Venezuela. Ningún pseudo intelectual «revolucionario» venezolano hizo lo que yo hice (siempre como repudiado sureño): distribuir un libro clarificador sobre Venezuela en Europa, América y el Mundo Árabe.

Pero al mismo tiempo sufro por la enorme soledad en que me encuentro: la «inteligentzia» venezolana ha desertado desde un comienzo; se mostró y aún se muestra incapaz de pensar sistemáticamente y con independencia de los dogmas académicos heredados. No puede romper los moldes de su formación liberal-iluminista: no comprende en absoluto los principales acontecimientos del mundo actual. Por lo tanto el presidente Chávez no sólo carece de pensadores «orgánicos»: salvo excepciones muy honrosas, está rodeado asimismo de oportunistas, traidores e incompetentes, como ha quedado suficientemente demostrado por los recientes megadesastres (desde Arias Cárdenas hasta las fallidas elecciones).

Por último, me interesa que mi pensamiento quede desligado, con la mayor claridad posible, tanto del izquierdismo infantil procubano, como de cualquier forma de «modernismo» socialdemócrata neo o post capitalista. En los años difíciles se lo dije mil veces al entonces comandante Chávez, por los peligrosos caminos de Venezuela, que recorríamos solos, asediados por la DISIP del Mossad: tú eres mucho más importante que Fidel Castro; tú serás el «hombre del destino» y no él, que ya malgastó su «fortuna» política, enviando a la muerte — a cambio de algo peor que nada — a varias generaciones de muchachos americanos.

1. Venezuela ha comenzado a transitar el camino hacia la guerra civil

La polarización política que ha planteado la candidatura presidencial del teniente coronel Arias Cárdenas — en tanto única polarización posible — es el inicio de un camino que, si no se lo bloquea a tiempo, desembocará inexorablemente en una catastrófica guerra civil en Venezuela. Lo que hoy está actuando en este país, por encima de todas las coyunturas, es el viejo principio clausewitziano de la «ascención a los extremos».

La de Arias es la única polarización posible porque dentro del sistema anterior de partidos, no existe ninguna equivalencia ni siquiera imaginable. El poder de Arias, su legitimidad, literalmente, es un sub-poder y una sub-legitimidad derivados de la existencia previa e insoslayable del Caudillo: Arias es el anti-Caudillo (lo sub-poderoso y lo sub-legítimo). Tal derivación subalterna es la vía que adopta la restauración «democrática», proclamando a diestro y siniestro sus «grandes principios» universales y universalistas de siempre. A mi me recuerda el discurso de la OTAN a pocos días de machacar Belgrado con bombas de grafito.

El único personaje disponible para realizar esta vasta y compleja operación es un hombre remotamente emparentado con el Caudillo, «tocado» por él, a pesar de haberlo traicionado reiterada y sistemáticamente, optando siempre por alternativas patológicamente menores (lo de «repartidor de leche» de Caldera es técnicamente exacto, aunque no represente la más rastrera de sus acciones).

Se ha seleccionado con toda exactitud no sólo al candidato, sino sobre todo a sus circunstancias (con sabiduría, se han desechado a otras figuras menores, como la del descerebrado Urdaneta, que nunca debió haber alcanzado el grado de sargento). Porque el objetivo real tras las imágenes no es ofertar una alternativa «democrática» al «caudillismo populista», sino eliminar radicalmente esta última realidad, cuanto antes, por medios políticos, si fuese posible; eliminarla antes de que se convierta en un hecho estratégico definitivo y definitivamente desestabilizador de la América Meridional.

Naturalmente la eliminación política — indolora — del principio caudillista, que está en la naturaleza e informa a la revolución venezolana, es por definición una empresa imposible: y ello se sabe con certeza en Washington. En definitiva el cambio de régimen sólo se podrá realizar por la vía de la fractura militar, es decir, de la guerra civil. Ese conocimiento exacto está en el núcleo del crimen que se piensa cometer.

A esta estrategia del enemigo le debe corresponder una contraestrategia nacional y popular, aún inexistente. A través de su implementación rigurosa, el Caudillo no sólo debe ganar políticamente las próximas elecciones. Sino obtener, en el momento oportuno, una victoria militar aplastante, y si fuese posible «preventiva», en la guerra civil que se cierne sobre el Oriente de la Gran Colombia. Lo urgente por lo tanto es expulsar cuanto antes (a más tardar el 30 de mayo de 2000) a la Weltanschauung de los Rangel y Cía, y a las mafias étnicas y económicas que los sustentan, enemigas declaradas de la revolución. Y, de paso, licenciar pacíficamente a ese «saco de gatos», a esos inútiles para todo servicio, a esos revolucionarios de opereta que son los dirigentes de un business llamado «quinta república». La polarización planteada es, paradójicamente, el tiempo final de un juego político que se desarrolló irresponsablemente, con irrealismo y «falsa astucia»: a ritmo rococó-tropical, sin rozar siquiera lo versallesco. Como si este conflicto fuese un gentleman's agreement.

La fórmula de la victoria política y militar es tremendamente simple: solidificar la ecuación Caudillo+Ejército+Pueblo. No hay ningún otro camino para ahorrar sangre venezolana. Y en la mejor opción, para demostrar que la cuota de sacrificio que deberá poner el enemigo sobre el campo de batalla será de una magnitud tan horrorosa y contundente, que resulte suficiente su sola imagen o mención para limitar su estrategia, paralizar sus movimientos y anular sus intenciones.

2. Sobre la Fuerza Armada Nacional

Cuando sostengo que la Fuerza Armada Nacional (FAN) será escenario de una trascendental batalla política en Venezuela quiero decir que sólo existen dos opciones para los cuadros de esa Fuerza: o incorporarse activamente al proyecto estratégico que propone el Presidente Chávez, o desaparecer institucionalmente.

En otras palabras. No existen dos proyectos militares. Existe uno solo, porque el otro está orientado a la destrucción de la Fuerza Armada, tal como ya ha ocurrido en la mayoría de los países «democratizados» y «liberalizados» de la América Meridional. Es esa experiencia la que nos señala que la eliminación de las instituciones militares es el prólogo para el ingreso al patio trasero de la globalidad. Es el sello inequívoco de la colonización en estos tiempos de «igualamiento» forzado, en el que los hombres se transforman en «chips», y las patrias en mercados. Al día de hoy sigo pensando como el gran filósofo alemán: «Sé por la experiencia y la historia humanas que todo lo esencial y grande sólo ha podido surgir cuando el hombre tenía una patria y estaba arraigado a una tradición» (Martin Heidegger, «Der Spiegel», 28 de marzo de 1967).

Esto significa que la búsqueda de la Fuerza Armada como escenario o campo de una confrontación política no es algo que dependa de la voluntad de los actores (Chávez, Arias u otros), no es en absoluto una arbitrariedad ni mucho menos un capricho. La fuerza armada es, por el contrario, el marco estratégico dentro del cual se resolverá el destino de Venezuela. Para simplificar al extremo esta cuestión, sin desvirtuar los términos en la que está planteada, es lícito afirmar que sin fuerza armada, no habrá Venezuela. Y es sabido que las versiones pos-modernas de la «democracia» exigen, todas ellas, la desaparición de esas Fuerzas, como paso previo a la desaparición de las naciones.

No existen dos proyectos militares. Sólo el presidente Chávez dispone de una concepción estratégica dentro de la cual la institucionalidad militar asume una importancia hegemónica en estos tiempos de eliminación de fronteras, de exclusiones y de brutales empobrecimientos materiales y espirituales. Se trata de que los cuadros comprendan a fondo esta situación. Fuera del proyecto del Presidente les está esperando un destino horroroso: como ya a ocurrido en toda la América Meridional; una parte de los oficiales se convertirán más o menos en buhoneros, y la otra en Legión Extranjera Policial especializada en controlar disturbios internacionales. Ambas, dentro y fuera de una patria que por entonces ya será inexistente.

Por lo tanto, el campo de batalla político militar no es una opción libremente elegida, sino una cuestión de supervivencia nacional. Mientras el proyecto del Presidente, por su propia lógica, tiende a mantener e incrementar la cohesión institucional de la Fuerza (porque ello es vitalmente necesario), la «democracia» marginal — geopolíticamente subsidiaria — que propone Arias, es necesariamente fraccional y faccional. Necesita romper la cohesión institucional de la Fuerza para llevar a una minoría dentro de ella a ser la Gendarmería de lo políticamente correcto. Este es el núcleo de la violencia que oferta Arias. Nada nuevo: ya ha ocurrido muchas veces en nuestra América Meridional. Siempre se bombardea «preventivamente» a los pueblos en nombre de una «libertad» que, para ellos, nunca llega.

La «democracia» que viene es de nuevo tipo; lejos de los presupuestos del Enciclopedismo, ya no importa cuántos votos tenga un líder. Lo que importa es saber si esos votos llevan el ADN «democrático», según han definido este concepto los herederos de los vencedores de Segunda Guerra Mundial. En Europa la doctrina se aplicó y se aplica en casos extremadamente distintos, como la Serbia de Milosevic y la Austria de Haider; por ello, tal vez, Vladimir Putin acaba de exhortar al pueblo ruso a agruparse en torno a sus fuerzas armadas, con moral de victoria y rearmadas. Sólo con la fuerza ubicada en ese plano de decisiones estratégicas se podrá pensar en explotar las líneas de fractura de la política mundial. Con el presidente Chávez, y con el tiempo, la fuerza se convertirá en el eje de un vasto proceso de desarrollo económico, tecnológico y social (seleccionando tecnologías en áreas hasta ahora prohibidas — ¿Rusia? — y construyendo industrias militares propias, por ejemplo); y en el núcleo de una geopolítica en primer lugar regional, orientada a producir honor, poder y bienestar para nuestros pueblos de nuestra Patria Grande. Es decir, aquello de lo que carecen los excluidos, los fracturados y los marginales.

3. Carta al diario *El Universal*

En un reportaje realizado por el periodista Roberto Giusti al señor Alberto Garrido, editado el día 05 del presente mes de marzo, se puede leer, entre algunas inexactitudes menores, la siguiente afirmación:

> ... Más bien es un neonazismo a secas. La teoría ceresoliana culmina con el renacimiento de la Alemania nazi y la eliminación de los judíos.

—¿Y a quién va eliminar Chávez?

—Chávez no es neonazi, Ceresole sí. Pero hay ideas de éste que fueron tomadas. No en vano estuvieron en contacto durante cinco años.»

El señor Giusti, o el señor Garrido, o ambos a la vez, se refieren a mi pensamiento, y sostienen que él «culmina» con «la eliminación de los judíos» y el «renacimiento de la Alemania nazi». Es evidente que la palabra «eliminación» puede y debe ser interpretada en el sentido literal de «muerte» o «exterminación». Y de hecho así lo hace una parte de la extensísima literatura especializada existente sobre el tema, que muy probablemente desconozcan tanto Giusti como Garrido.

Por lo tanto ese texto publicado por su periódico me señala explícitamente como «criminal» o como «instigador de crímenes raciales», lo que constituye — como usted bien sabrá — un delito gravísimo en casi todos los países occidentales que ya han legislado sobre esta cuestión.

Yo supongo que el señor Giusti, el señor Garrido y usted mismo — como editor responsable — tendrán muy en claro en qué parte de mi obra yo sostengo semejante horror: que hay que «eliminar» a los judíos y que debe resurgir la Alemania nazi.

Les va a ser muy difícil encontrar esa apoyatura documental en mis trabajos, porque yo jamás he escrito, dicho o sugerido una locura semejante. Lo que sí he dicho y escrito es algo muy pero muy distinto. Es una buena noticia que darle al mundo: en mi opinión jamás se ha producido en la historia, afortunadamente, una «eliminación» de judíos semejante a la que supuestamente se refieren los señores Garrido-Giusti.

Y yo me alegro profundamente de que no exista el Mal Absoluto en los asuntos humanos, como pretenden algunos «teólogos».

Sin embargo el periódico que usted dirige me acusa, sin base documental alguna, de cometer un delito gravísimo, como es el de proponer la «eliminación» de un grupo humano como mecanismo «normal» dentro de una estrategia política. Asimismo el reportaje sostiene que el presidente Chávez ha «tomado mucho» de mis ideas, con lo cual se lo hace parcialmente partícipe o responsable de las mismas.

Supongo que se dará cuenta de lo peligroso de esta situación, del enorme daño que ella me causa, y de su explícita intencionalidad política; por lo que iniciaré, a la brevedad posible, una acción legal contra ustedes. No es la primera vez que alquien me agrede en Venezuela. Conozco perfectamente el fondo último de esta situación: el por qué, el quién y el para qué. Pero por su enorme magnitud destructiva, le aseguro que ésta será la primera agresión que no soportaré en silencio; porque lo de ustedes es demasiado, daña mi credibilidad en todo el mundo científico y político, y pone en riesgo mi propia vida: ha sido la gota que ha colmado el vaso.

4. Venezuela en el mundo

Sólo tres hechos emergentes (el éxito de la OPEP, el creciente interés de Israel por Venezuela y la cooperación con Brasil) dentro de muchos otros ocurridos en los últimos días, señalan una realidad que hasta este momento era impensable: Venezuela comienza a incidir en los asuntos mundiales. Nunca antes como ahora este país, que vivió toda su vida «independiente» como un marginal todo azimut, comienza a asomar como un elemento a ser tenido en cuenta, a pesar de que aún ni siquiera ha comenzado el proceso de transformaciones interiores, que es la verdadera piedra fundacional del futuro potencial nacional de Venezuela. Aunque constituya aún un fenómeno apenas incipiente, la nueva incidencia de Venezuela en el mundo es, en definitiva, uno de los aspectos sobresalientes del modelo vigente, y debería ser vista por los venezolanos como un triunfo de la idea de que la dignidad nacional, y no la dependencia nacional (que es sinónimo de humillación), es el verdadero motor del desarrollo.

OPEP-Israel

Sobre la política petrolera vamos a señalar sólo sus consecuencias estratégicas. La permanencia de Venezuela en la OPEP no fue sólo una decisión económicamente acertada. Es sobre todo la columna vertebral para la futura construcción de un poderoso vector geopolítico con incidencia decisiva sobre la totalidad del sistema internacional. Esa perspectiva, realmente global, descansa en un principio básico: la existencia de confianza entre Venezuela y el mundo árabe-musulmán. Sin ese vínculo, que es de naturaleza política y cultural, la posibilidad de transformar un cartel llamado OPEP en ese vector geopolítico con incidencia mundial, se diluiría considerablemente.

Sobre ese flanco actúa y seguirá actuando la política Israelí en Venezuela, que moviliza y movilizará a la pequeña comunidad judía residente en este país, que es, como todo el mundo sabe, violenta y visceralmente antichavista. Esa comunidad, como todas las que integran la diáspora judía en el mundo, se acoge al principio de la «doble lealtad», que significa, en primer lugar, lealtad hacia el Estado judío. Ello es necesario recordarlo, en especial ante la creciente importancia demográfica (electoral) de la comunidad árabe residente en Venezuela.

Brasil

Los acuerdos recientemente logrados con Brasil son, obviamente, de una importancia extraordinaria. Responden a una idea que comenzamos a elaborar con el Presidente en Buenos Aires, a comienzos de 1995. Luego, en el mes de abril de ese año, yo fui invitado por mis amigos brasileños (en su mayoría oficiales superiores del ejército e investigadores de los principales centros de estudios geopolíticos) a pronunciar una conferencia en la Secretaría de Asuntos Estratégicos, ante un extenso pero sobre todo muy cualificado auditorio. Fue allí, en ese específico y concreto lugar de Brasilia, donde la élite gubernamental brasileña escuchó hablar, por primera vez, de un tal comandante Chávez. Todos los asistentes a esa conferencia -funcionarios brasileños de alto nivel, oficiales militares y personal diplomático extranjero — pensaron que yo estaba un poco loco cuando mencioné el nombre y presenté el perfil del llamado comandante Chávez, diciendo que él sería el futuro presidente de Venezuela. Todos los asistentes menos uno. El entonces embajador en Brasilia y actual embajador de Venezuela en Washington, con la rapidez de un rayo, envió un fax a la Casa Amarilla de Caracas, en donde informaba que en esa conferencia yo había insultado al presidente Caldera. Esa gruesa mentira y esa pequeña alcahuetería contribuyó a mi expulsión de Venezuela en junio de 1995, y a la anulación de un programado viaje a Brasil, en ese mismo mes y año, del hoy presidente Chávez.

La idea básica central era y es impulsar a Venezuela hacia el Sur (demográfica, económica y militarmente), sobre todo para disminuir sus vulnerabilidades localizadas en la costa caribeña (el «Mediterráneo [Norte]Americano»); pero sin dejarse atrapar por los tentáculos de la «geopolítica brasileña». La maniobra, por lo tanto, exigía y exige un doble movimiento: de cooperación con el Brasil y, al mismo tiempo, de integración geopolítica con la América Andina de la Cuenca del Pacífico Meridional. Asimismo exigía (y exige) que la Argentina movilizara sus energías también hacia el área del Pacífico Meridional, por la vía del Alto Perú (hoy Bolivia, la más austral de las unidades geopolíticas del espacio estratégico bolivariano) y del Perú, siguiendo aproximadamente los viejos caminos incaicos.

5. La abdicación de la Iglesia Católica Romana

La extrema agresividad que manifiesta la cúpula de la Iglesia Católica (IC) local contra el gobierno del presidente Chávez, libre y mayoritariamente elegido por el pueblo, según todos los ritos anteriores de la ortodoxia democrática, se alimenta en dos fuentes principales. Una tiene sus raíces en el orden interno del país, sobre la que no incursionaré; y la otra en acontecimientos de orden internacional, como así también en cuestiones estrictamente teológicas, que se vienen acumulando desde la última posguerra mundial.

La reciente visita del Papa a la llamada «Tierra Santa», o Estado de Israel, fue en realidad la culminación espectacular de un proceso de judaización de la IC que se inicia formalmente con el Concilio Vaticano II. El «progresismo» católico fue una de las grandes mentiras del siglo XX. Y también uno de sus más significativos retrocesos.

Esta terrible reconversión teológica de la IC no sólo destruye los logros de dos mil años de historia religiosa y política (solemnizados en los rezos públicos del Viernes Santo): sobre todo coloca al Vaticano como una de las piezas vitales de este «Nuevo Orden Mundial», ya que el «Santo Padre» llegó al extremo de admitir la misión «crística» de la judíos. Ella fue ritualizada — pero no solemnizada — por el Papa en «Tierra Santa».

Esa transformación, que dejó atónitos a millones de católicos (y de cristianos) en todo el mundo, estuvo simbolizada por la adopción que hizo el Papa de una superstición judía, que fue colocar, entre dos piedras del «Muro de las Lamentaciones», una carta «dirigida a Dios», que naturalmente fue retirada de inmediato, por las autoridades israelíes de ocupación, para ponerla en conocimiento del mundo entero (vía todos los media non sanctos). Se trataba — ¡por supuesto! — de un nuevo pedido de perdón por «los sufrimientos causados al pueblo de la Alianza».

Esta abdicación del catolicismo oficial tuvo por escenario un territorio militarmente ocupado, y contó con la protección de un Estado que es el único en el mundo que ha legalizado la tortura. Más de cien mil árabes, en su mayoría palestinos y libaneses, fueron torturados «legalmente» en las últimas dos décadas, por las mismas fuerzas que protegieron al Papa en «Tierra Santa».

El rabinato propuso incrementar el diálogo con la IC, pero a condición de que ésta suprima el culto a María y destierre a los católicos que aunque admitan la no culpabilidad de los judíos en el asesinato de Cristo, sigan manteniendo su acusación contra aquellos, por el continuo asesinato de palestinos y libaneses (en verdad esos asesinatos comenzaron desde la misma fundación del «Estado de Israel, en 1948, lo que originó el «desplazamiento» de un millón de palestinos; hoy, seis millones de «refugiados» que estuvieron ausentes en el viaje del Papa a «Tierra Santa».

Este es el perfil teológico actual de una Iglesia Abdicante que nació como el «cuerpo de Cristo» y ahora, dos mil años después, «cristaniza» a sus asesinos. La Católica es ya, por lo tanto, una Iglesia políticamente correcta, que colaborará activamente en la edificación del Nuevo Orden Mundial y en la santificación de su ideología dominante: el hominismo (que es la versión llevada al límite del «humanismo» laico que nace con el capitalismo moderno). Tal Weltanschauung será asimismo adoptada por importantes sectores del Islam: en especial por aquellos que sostienen la primacía abrahámica de la doctrina expuesta por el Profeta (¿Mahoma fue en verdad el Lutero de los judíos?).

Esta ideología actual del catolicismo oficial global condiciona al máximo el comportamiento político de cada filial «nacional» de ese amplio conjunto sinárquico que es la Internacional Católica Romana. Dentro de esa estrecha camisa de fuerza cada delegación eclesiástica local desarrollará sus aptitudes y sus tradiciones folclo-políticas. Y esto es lo que está pasando hoy en la modesta y lejana «provincia» de Venezuela, en la cual lo conveniente y correcto es fracturar un proceso revolucionario incipiente y catapultar hacia el poder a un antiguo seminarista; a Judas hoy convertido en Hermano Mayor desde sus antiguas funciones de traidor-apuñalante, gracias a una lejana Abdicación (acontecida en el núcleo teológico del Heartland), la más cismática de todos los tiempos.

Es muy importante que los católicos venezolanos conozcan la situación real. Porque la Internacional Católica (IC) está sometida a una tensión cismática, las operaciones del obispado local no pueden ni deben ser interpretadas como la maniobra de «un sector» de la Iglesia, tal como sostuvo la incompetente e inculta dirigencia del MVR, equivocándose en la estrategia por enésima vez. Se trata de una decisión cupular consensuada con, y aprobada por, el Vaticano. Y algo aún más grave. Es una operación exploratoria, que será continuada por una intervención de «baja intensidad» inicial de la «comunidad internacional» en Venezuela. La decisión de la mayoría del pueblo venezolano será ignorada (ridiculizada) porque esos votos (esa mayoría pre-histórica) no contienen ADN «democrático». Desde el «fin de la historia» se dirá que el de Venezuela es un pueblo proto-histórico. Lo que significa que sus decisiones están disminuidas, como la de los niños o la de los locos.

6. Kuwait news Agency (KUNA)

Comentario sobre el libro Caudillo, Ejército, Pueblo; la Venezuela del comandante Chávez. Ed. Al-Ándalus, Madrid, febrero de 2000.

La Agencia de Noticias de Kuwait ha publicado el pasado domingo 23 de Abril de 2000 un amplio articulo sobre el libro de Norberto Ceresole «Caudillo, Ejército, Pueblo», recientemente publicado en Madrid, y en el que se recogen también declaraciones hechas por el autor en exclusiva a la mencionada agencia.

Por la naturaleza petrolera y moderada del país al que representa, por ser una de las agencias de prensa más importantes del mundo árabe y por dirigirse especialmente a suscriptores en el mundo árabe (aunque también distribuye sus servicios en los cinco continentes), KUNA se interesó en primer lugar por la influencia judía, israelí y sionista, que se registra en la Venezuela del presidente Chávez, tal como ya sucedía en aquel país también antes de su llegada al poder; situación ésta que es idéntica a la que se registra en numerosos países de America Latina.

La Agencia KUNA presenta a Ceresole como uno de los cuatro máximos representantes del revisionismo histórico, especialmente en lo referente al cuestionamiento del llamado «Holocausto» judío. Los otros tres historiadores serían, según la agencia árabe, Roger Garaudy, Robert Faurisson y David Irving.

Explica la Agencia también que esta posición adoptada por el historiador e investigador argentino ha provocado la actual persecución a la que se esta viendo sometido por parte de algunas autoridades de Venezuela y de otros países de América Latina, por expreso deseo de los poderosos lobbies judío-sionistas en cada uno de esos países, lo que obligó al autor a refugiarse en España, donde reside actualmente.

Eso sucede, en el caso venezolano y según KUNA, a pesar de la fuerte amistad que une a Ceresole con Chávez, forjada desde antes de la llegada de éste al poder, mediante una aplastante victoria electoral.

KUNA recoge textualmente, traducido al árabe, un párrafo del mencionado libro en el que se lee: «La dominacion judía en Hispanoamérica se inició con la expulsión de los judíos de España en 1492 y tomó nuevas dimensiones desde la fundación de Israel en 1948, para especializarse en los temas de Seguridad» (el texto es traducido nuevamente del árabe).

La Agencia expuso ampliamente también la situación de Venezuela bajo el Gobierno de Chávez, tal como se recoge en el libro de Ceresole, que no oculta en este trabajo la fuerte simpatía que siente por el presidente venezolano.

La victoria electoral aplastante cosechada por Chávez y el incondicional apoyo con el que cuenta por parte de su Ejército, es calificado por Ceresole, tal como recoge la Agencia KUNA, como «postdemocracia», algo que va mas allá de la democracia en la que los partidos gobernantes muy raramente cuentan con el apoyo de más de la mitad de los votantes.

Asimismo el despacho de KUNA recoge la conflictiva situación que atraviesa Colombia, con una guerra civil casi generalizada, donde los servicios secretos israelíes, según el libro, ejercen un importante papel apoyando a las bandas de los paramilitares, fenómeno éste (la fuerte presencia israelí en la contrarrevolución) que se repite en la mayoría de los países de América Latina.

7. Fuerza Armada y partidos en Venezuela

Espíritu militar versus corrupción política

En España hoy se ha realizado el clásico desfile militar «de la victoria» en la ciudad de Barcelona. Todas las autoridades «autonómicas» de Cataluña se declararon contrarias al desfile. Barcelona ya es, de hecho, una ciudad extranjera, y los (ex)ejércitos españoles son tratados como ajenos y hostiles a la nación catalana. En vano el ministro de Defensa (de España) trató de explicar que los ejércitos (de tierra, mar y aire) no pertenecen ya a España sino que son multinacionales: están bajo mando multinacional y se encuentran dedicados a «tareas humanitarias», tales como el bombardeo a Belgrado y la desmembración de los Balcanes. Sólo bajo esta cobertura los ejércitos «españoles», que ahora son intercambiables dentro de la OTAN (como los «chips» de un circuito electrónico), podrán desfilar, por última vez, en Barcelona. Así, confinados en un rincón de Barcelona, sin material pesado y como de puntillas. Así se celebró el desfile de las Fuerzas Armadas... Pero ¿son estos los Ejércitos de España, o es una ONG con escopetas?... Viven los Ejércitos un estado de contradicción abierta, flagrante esquizoide: con unas Ordenanzas que siguen aludiendo a los viejos valores, pero con unos fines, asignados por la Ley, que no tienen ya nada que ver con aquellos valores, ni con el destino histórico de España, sino con la defensa del desorden establecido y del lamentable entramado político que es el régimen.

La restauración democrática en la Argentina tuvo un objetivo prioritario: «desmilitarizar a la sociedad». Ello era urgente porque el «mundo occidental» no quería más sustos como el de Malvinas (una clásica guerra justa, además de necesaria). Como cobertura de la desmilitarización se inventa el mito del «holocausto sureño», que pretende eliminar el análisis objetivo de la realidad: que allí hubo una guerra civil desatada por el bando «progresista», activamente apoyado por la Inteligencia cubana (pero no por la soviética), que hubo bajas en ambos bandos, y que al final ambos perdieron. Pero el objetivo se cumple. Se destruyó la industria militar y los desarrollos tecnológicos nacionales (en especial los nucleares y los misilísticos) que eran los verdaderos enemigos del mundo global en la región. Naturalmente la indefensión militar es la otra cara de la llamada «explosión de la pobreza»: hoy 1 de cada 3 argentinos vegetan por debajo del nivel de subsistencia. Pero eso sí, en «democracia».

India, China, Irán, Paquistán, Turquía, representan más de la mitad de la población mundial. Todos países muy distintos entre sí pero con un denominador común: sin su estructura militar y sin su capacidad militar en el campo científico-técnico-industrial hubiesen carecido de viabilidad nacional y hoy ya no existirían. Como no existen, nacionalmente hablando, por motivos distintos y bajo distintas circunstancias, ni España ni Argentina.

Afortunadamente Rusia pudo zafar del horroroso destino que le había preparado la globalización. Justo a tiempo logró trazar una frontera militar: si el Cáucaso sufría el mismo destino que los Balcanes, la desaparición histórica de Rusia era un hecho seguro. Rusia podrá sobrevivir gracias a su Ejército (o «espíritu militar»), a su tecnología militar y a su competitiva industria militar. Es el clásico modelo de una nación cuya sociedad se re-organiza a partir de su «virtud militar», y sólo gracias a ella sobrevive.

No es nada nuevo que las naciones desaparecen a partir de la flaqueza de su espíritu militar. Yo sostengo que ese espíritu y esa virtud hoy existen en Venezuela, y que la sobrevivencia de este país, en las actuales circunstancias, depende decisivamente de su mantenimiento e incremento. Ellos, sin ser inmaculados, representan valores superiores comparados con la pura y dura corrupción política, que en esta parte del mundo no es coyuntural sino estructural, o cultural.

Por otra parte, la dimensión continental en la que se inscribe la revolución venezolana, hace técnicamente factible y económicamente viable el desarrollo de proyectos militares regionales en el campo científico, técnico e industrial. Desde un comienzo, libera la posibilidad de adquirir armamentos y equipos sin ningún tipo de limitación, y a cambio de contraprestaciones que contribuirán a independizar el espacio geopolítico de la América Meridional.

El problema del desarrollo de la industria militar no es solamente un problema político o de soberanía nacional; también debe ser encarado como una cuestión que se vincula al desarrollo económico (35). La industria militar nacional dentro de un contexto regional hará necesario re-establecer y consolidar una relación eficaz y positiva entre los sectores civil y militar de la sociedad. La relación Pueblo-Ejército también pasa por el grado de desarrollo del complejo industrial y científico de la Nación. Esto es así porque el desarrollo de ese complejo no puede separarse de sus implicancias industriales y defensivas; él debe constituir uno de los elementos centrales de un gran proyecto nacional movilizador de voluntades colectivas. Un grado elevado de desarrollo científico/industrial impulsará una fuerte ligazón entre grupos técnicos equivalentes, es decir entre profesionales de los sectores militar y civil de la sociedad, planteando la posibilidad de estructurar nuevos y múltiples canales de acercamiento entre ambos grupos. La franja profesional de los ejércitos será tanto mayor cuanto mayor sea su capacidad para manipular tecnologías complejas; además, será mayor cuanto mayor sea su inserción industrial en el conjunto del sistema económico.

8. El «Holocausto Argentino» (según Israel)

La restauración democrática en la Argentina tuvo un objetivo prioritario: «desmilitarizar a la sociedad». Ello era urgente porque el «mundo occidental» no quería más sustos como el de Malvinas: una clásica guerra justa, además de necesaria.

Como cobertura de la desmilitarización se inventa el «holocausto argentino», que pretende eliminar el análisis objetivo de la realidad reemplazándolo por un Mito. Se empleó la misma exitosa tecnología ya utilizada en la construcción del Mito de la «culpabilidad alemana» (que tuvo por objetivo principal ocultar la más grande salvajada cometida en el siglo XX: la expulsión a sangre y fuego, entre 1947 y 1949, de 1 millón de palestinos de sus tierras y de sus hogares).

La realidad pura y simple es la siguiente. En la Argentina había un régimen social y político injusto y opresivo. Como en casi todos los países del mundo. Pero a diferencia del mundo llamado tercero, en aquella época, sólo 1 de cada 10 argentinos estaban por debajo del nivel de pobreza. Cada tanto algún niño se moría de hambre en alguna remota provincia. Tomando como bandera casos tan lamentables como singulares el bando «progresista» toma la decisión de desatar una guerra civil. Esa decisión de la guerrilla fue activamente apoyada por la Inteligencia cubana (pero no por la soviética). Luego allí hubo bajas en ambos bandos, y al final ambos perdieron.

Los militares establecidos cumplieron fielmente el rol asignado por la estrategia norteamericana durante la guerra fría: eliminar al «agresor comunista». Sin duda alguna cometieron «excesos» en la represión de una agresión previa. Pero lo peor es que fueron cómplices — algunos involuntarios — de un proceso que terminó aniquilándolos a ellos mismos. La «economía de mercado», que introducen a la fuerza, destruye, casi en primer lugar, a la industria militar y a los desarrollos tecnológicos nacionales (en especial los nucleares y los misilísticos) que eran los verdaderos enemigos del mundo global en la región. Al final lo que comienza como represión militar deviene en indefensión nacional, que es la otra cara de la llamada «explosión de la pobreza»: hoy 1 de cada 3 argentinos vegetan por debajo del nivel de subsistencia. Pero eso sí, en «democracia». Muchos niños y adultos mueren de hambre todos los días aún en las zonas «ricas» del país.

Desde el punto de vista de los intereses argentinos la de Malvinas fue una guerra de legítima defensa (contra lo que vulgarmente se cree era una guerra ganable para la Argentina), pero fue conducida con cobardía estratégica dentro de los marcos del mundo bipolar de la época. Desde su comienzo, y durante su transcurso, numerosos voces se alzaron en defensa del imperialismo británico. Algunos sostuvieron que las fragatas británicas tenían por objeto «restaurar la democracia» en la Argentina.

En la actualidad muchos de esos traidores de entonces elaboraron una versión específica del «holocausto argentino» (oficialmente unas 11.000 víctimas en total, contando los muertos de ambos bandos). Según ellos, la dictadura militar tuvo por objeto realizar «... la mayor matanza de judíos y la mayor persecución antisemita registrada desde la segunda guerra mundial» (»Entregaron a Garzón pruebas de la persecución a judíos», en Clarín Digital, 20 de abril de 1999). «El rabino Daniel Goldman... explicó que aunque los judíos eran sólo el uno por ciento de la población argentina, representaron el 12 o 13 por ciento de los torturados, asesinados o desaparecidos» (Clarín, op. cit.). «El episodio genocida antisemita de la Argentina no contiene elementos sustancialmente diferentes de los que en otras dimensiones y ámbitos emergen en los programas zarista y estalinista y en la alemania hitleriana» (»Informe presentado al juez español Baltasar Garzón»).

Si estas informaciones que aportan las organizaciones judías son ciertas, y muy probablemente sean ciertas, significa que los judíos tenían una extraordinaria representación (¿Cómo denominarla?: ¿Étnica?, ¿Racial? ¿Religiosa?) en las organizaciones armadas irregulares: la «guerrilla» en la Argentina de aquellos años era predominantemente judía, según inobjetables fuentes judías del presente. Estaban representados por un porcentaje en todo caso muy por encima de su representación social global, que nunca excedió el 2% de la población («1296 judíos fueron asesinados, lo que supone un 12,43 por ciento del total de las víctimas...»).

Este dato oficial de las organizaciones judías (esta altísima participación de judíos en los grupos «guerrilleros») puede y debe ser interpretado, también, en el sentido de que existe una muy alta probabilidad de que la desestabilización terrorista (y los consiguientes enormes daños y muertes que tanto ella como la represión militar ocasionan) haya sido obra, sobre todo, de una conspiración finalmente orientada a anular la capacidad de control del Estado nacional sobre el territorio y la sociedad argentina.

¿Sabía esto Fidel Castro cuando de los 60 a los 70 organiza la agresión y ordena crear un «Vietnam gigante» en toda la región?: «En el único lugar donde no intentamos promover la revolución fue en México. En el resto, sin excepción, lo intentamos» (Fidel Castro, «Discurso ante la Asociación de Economistas de América Latina y el Caribe», el 3 de julio de 1998. Fuente: Clarín Digital, 04 de junio de 1998).

9. El mundo apolar: Fujimori y Brasil

A medida que pasan las horas se clarifica el hecho de que la suspensión de las elecciones en Venezuela tiene un trasfondo peruano (además de los problemas técnicos evidentes pero secundarios). Alguien convenció al presidente Chávez de la necesidad de desprenderse de Fujimori, de alejarse de su imagen «dictatorial». Alguien convenció a Chávez de que con Venezuela no se va a implementar la deslegitimación de las elecciones; de que el gobierno norteamericano admitirá que los votos del pueblo venezolano, a diferencia de los del peruano, no contienen ADN antidemocrático.

Naturalmente se trata de la maniobra contraindicada. Alguien quiere apagar el fuego con el petróleo más refinado. Chávez debió haber viajado a Lima (todavía hay tiempo para ello) y fotografiarse con el japonés. No casarse y amarlo «hasta que la muerte los separe», ni siquiera firmar un «pacto de defensa mutua» como el célebre de Ribbentrop-Molotov, que se concibió y se realizó en apenas 24 horas; sino fotografiarse con el presidente de Perú. Cosas mucho más serias se vieron miles de veces en la historia: opciones distintas y hasta contrarias buscan alianzas transitorias (eso se llama así: alianzas transitorias).

Además en este caso hay que contar con el Brasil, que es el factor determinante de esta maniobra posible. El presidente Cardoso, en tono paternalista, había dicho: «Me gusta Fujimori, ha cambiado el Perú, sabe cómo hacer las cosas y no comete ilegalidades» (Fuente: «Página 12», Buenos Aires, 300500). Brasil ve en el señor Toledo lo que realmente es: un agente del Departamento de Estado norteamericano, un auténtico indio de Harvard y un amigo del agónico gobierno argentino. Es decir un elemento antibrasileño en términos de poder. Brasil tiene con Perú una frontera de 2000 kilómetros. Al apoyar a Fujimori «Brasil obra más con la razón estratégica que con la razón democrática, y en eso influyen algunos militares que arrastran la tradición geopolítica brasileña» (Fuente: Ibidem).

El gobierno del presidente Chávez no puede seguir privilegiando la actual «amistad» circunstancial de los Estados Unidos por encima de una alianza provisoriamente invencible entre tres países importantes en la escala regional: Perú, Brasil y Venezuela. Máxime cuando en el resto de la zona (Ecuador, Paraguay, Argentina) todo se tambalea. Esa «amistad» norteamericana es puramente coyuntural y se basa en el enorme poder relativo que tiene Venezuela como proveedor petrolero. Pero sobre todo en la estabilidad que provee el régimen chavista, por el momento, en el espacio andino-caribeño. Pensemos por un instante en el terremoto geopolítico que originaría la caída de Chávez, en la misma frontera con Colombia, con una América Meridional al borde de la combustión, y en los consiguientes y correlativos enormes problemas que debe asumir la planificación de la estrategia norteamericana.

Por supuesto que no se trata de declararle la guerra a los Estados Unidos. Se trata de pasar de esa «amistad» a un aceptable status de «tolerancia mutua», pero en este caso amparada en el triángulo Lima-Brasilia-Caracas. Lo que impediría continuar con la farsa del «amigo cubano» (una pantalla para engañar a los estúpidos de izquierda, que aún hoy creen que hay verdadera enemistad entre Cuba y los EUA).

Se trata de privilegiar intereses estratégicos perfectamente definidos, sabiendo que el tratamiento que la «comunidad internacional» le ha dado al Perú de Fujimori (su «ilegitimidad democrática») es el antecedente más seguro de que lo que sucederá con Venezuela el día después que, finalmente, se realicen las megaelecciones. Ese día también los votos del pueblo venezolano contendrán ADN antidemocrático, porque ya se habrá consolidado la alternativa representada por Arias Cárdenas (el hermano democrático de Chávez): petróleo seguro y continuidad estratégica regional.

10. Los mariscales de la derrota

En su ocaso, Napoleón definió a sus generales más importantes, a aquellos que se lo debían todo pero que ahora platicaban amablemente con el enemigo, como los «mariscales de la derrota». Casi todos ellos ya estaban satisfechos: tenían poder, dinero, ascenso social y el perdón misericordioso del sistema establecido, al cual ya estaban integrados. En definitiva, y desde su particular punto de vista, ya no había ningún motivo para continuar al lado del Emperador.

Salvando las distancias, esos «mariscales de la derrota», en Venezuela, son los ilustres miembros del «saco de gatos». Lo que este «club» ha logrado hasta ahora es casi un milagro, pero al revés. Ha conseguido lo más difícil: perder aceleradamente poder en el momento del ascenso. En algo más de un año ha transformado una espectacular victoria (la de diciembre de 1998) en una probable patética derrota, que es esta interminable carrera de obstáculos que no se sabe cómo, cuándo y dónde va a terminar. Y todo para recién empezar a gobernar.

Con la suspensión del acto electoral, las incertidumbres sobre el futuro de Venezuela se incrementan de forma exponencial. Ahora no sólo se perderán numerosas gobernaciones; algo mucho peor ya ha sucedido: el propio impulso inercial del proceso político ha sido sustancialmente frenado. Un verdadero regalo para los enemigos de la revolución.

La incapacidad, el oportunismo y las indecencias operativas del «saco de gatos» es el origen inconfundible de todas estas «pequeñas derrotas», cuya suma puede conducir al conjunto del proceso al punto de no retorno de la entropía política. Hicieron exactamente lo contraindicado: perder tiempo, enfriar el sistema, desprenderse de lo único que ya no se puede recuperar.

La penúltima creación de los gatos de la bolsa (llamó la atención la extraordinaria actividad interna del Ministro de asuntos externos) fue el intento de racionalizar la entrega al enemigo de un amplio espacio político interior, organizado en torno a gobernaciones y alcaldías. Esta maravilla de la «falsa astucia» se fundamentó en una auténtica superstición: ofertar una imagen «democrática» a nivel internacional. Es por ello probablemente cierto lo que dijo alguien que acaba de salir de su tumba, también gracias a la «astucia» de los gatos: «Chávez sabe que AD lo ha derrotado internacionalmente» (Timoteo Zambrano a EUD, el 080500).

Pero la obra maestra de su incompetencia y traición fue la «incapacidad» de las personas designadas a dedo y con prolongada anterioridad, por los propios «mariscales», para organizar, simplemente organizar un proceso electoral, cuya dilación, como mínimo, enfriará expectativas, congelará alianzas inestables, expulsará lealtades dudosas y, sobre todo, lo más doloroso y costoso; exigirá un nuevo sacrificio popular: un plus casi salvaje de esperanza hambrienta y sedienta a cambio, aún, de nada.

Los gatos — esta reencarnación subdesarrollada y miserable de los mariscales traidores — pretenden convencernos que es mejor mostrar nuestro cuello al verdugo, porque a todo lo que aspiran es a obtener su perdón. En estas circunstancias, hemos llegado a un punto impensable, a partir del cual todo se puede aún perder.

EL AUTOR

Fue detenido el 15 de junio de 1995 por la DISIP venezolana (Dirección General Sectorial de los Servicios de Inteligencia y Prevención), en aquellos momentos bajo fuerte influencia del Mossad israelí, y expulsado de Venezuela, luego de una intensa campaña de prensa en su contra, en la que se lo acusó de: ser amigo del comandante Chávez, de Montonero, Carapintada, traficante de armas y «capo» terrorista internacional. Norberto Rafael Ceresole nació en Buenos Aires en agosto de 1943. Estudió en Alemania, Francia e Italia. Es sociólogo, politólogo y autor de 30 libros en temas de su especialidad: estrategia, geopolítica y sociología militar. Fue un destacado dirigente de la guerrilla argentina en los años 70. Es hoy el más importante referente intelectual del peronismo argentino resistente. Sobre el peronismo escribió un análisis en tres volúmenes entre los años 1969 y 1970. Ejerce una significativa influencia sobre numerosos oficiales de las fuerzas armadas en la Argentina y otros países de la América del Sur. Entre 1969 y 1971 fue asesor del general Juan Velazco Alvarado, en el Perú. En años sucesivos fue interlocutor de Juan Domingo Perón, de Salvador Allende, y del ex jefe de la Inteligencia cubana comandante Piñeiro, entre otros. Fue miembro de la Academia de Ciencias (Instituto de América Latina) de la ex-URSS. Muchos de sus libros anteriores, como Ejército y política nacionalista (1968), Crisis militar argentina (1986), Política de producción para la defensa (1988), y Tecnología militar y estrategia nacional (1991), fueron traducidos al idioma ruso. La Universidad de Colorado (EUA) tradujo al inglés su trabajo The South Atlantic: War Hypothesis, en Geopolitics of de southern cone and antarctica (1988). En 1984, en colaboración con el Ministerio de Defensa de España (DRISDE) editó, en cinco volúmenes, el Estudio preliminar para el desarrollo de un proyecto de cooperación industrial entre España y la Argentina en el área de la defensa. En 1986 ese trabajo, ampliado, se reeditó en la Argentina en siete volúmenes, bajo el título: Materiales sobre economía de la defensa y política de la defensa (Buenos Aires, ILCTRI). Mantiene actualmente estrechas relaciones con gobiernos y movimientos árabes y musulmanes. Sus más recientes obras editadas en España, donde reside actualmente, son: Terrorismo fundamentalista judío, nuevos escenarios de conflictos (Libertarias, Madrid, 1996); El Nacional-judaísmo: un mesianismo pos-sionista, con prólogo de Roger Garaudy (Libertarias,

Madrid, 1997); España y los judíos, Expulsión, Inquisición, Holocausto, 1492-1997 (Amanecer, Madrid, 1997). Sus dos últimos libros: La Falsificación de la Realidad (Libertarias, Madrid-Buenos Aires, 1998) y La Conquista del Imperio Americano (Al-Andalus, Madrid-Buenos Aires, 1998) fueron asimismo editados en lengua árabe, para todo el mundo árabe, en Beirut, Líbano; y en lengua farsí , en Teherán, Irán, para el Asia Central, nuevo pivote geopolítico del mundo. Ambos pueden leerse por Internet en: www.abbc.com/aaargh/espa/ceres (Francia). Un resumen de las obras anteriores de Norberto Ceresole, desde 1968, será puesta próximamente en Internet en la última de las direcciones señalada.

Notas

1. Este trabajo desde el Capítulo 1 hasta el 3 , fue editado inicialmente bajo la forma de folleto y discutido en Caracas entre enero y febrero de 1999 con numerosos grupos de militares y civiles venezolanos del entorno del Presidente. Existe asimismo un vídeo y un audio donde se desarrollan las tesis contenidas en el ensayo. En el Capítulo 3 sintetizamos el contenido de esos reportajes. Durante el año de 1999 distintas versiones de este trabajo fueron puestas en Internet. Actualmente existen al menos cuatro direcciones en las que se lo puede consultar: Ese folleto, asombrosamente, y a pesar de ser un borrador muy poco elaborado, es señalado hasta el día de hoy, por la casi totalidad de los analistas venezolanos y extranjeros, como el núcleo duro ideológico que informa al conjunto del proyecto chavista, nueva constitución incluída.

2. Fausto Masó, Ceresole pone el dedo en la llaga, *El Nacional,* sábado 6 de marzo de 1999.

3. Reportaje a Manuel Quijada en *El Universal* (Unidos pueblo y milicia), del domingo 7 de marzo de 1999.

4. Enrique Salas Römer, en «Caos y algo más», *El Universal,* 23 de marzo de 1999.

5. José Rodríguez Iturbe, «El golpe por cuotas», www.analítica.com(3599).

6. Fui declarado «culpable» por los medios venezolanos incluso por sucesos de cuya existencia me enteré por la prensa europea, a miles de kilómetros de Caracas, como por ejemplo las dos extrañas cartas que, supuestamente, el presidente Chávez habría enviado, una a Carlos «El Chacal», y la otra a la Suprema Corte de Justicia. Carlos Raúl Hernández, quien escribe una columna en *El Universal* (el 190499) titulada «Elogio de la demencia», sostiene, sin prueba alguna, que en la

carta enviada a la Suprema Corte, «... se reconoce la mano orate de Norberto Ceresole, a quien si juzgamos por las cosas dichas y hechas, pertenece a una especie de insólito y novedoso cruce de bandolerismo intelectual y demencia pura y simple. Desde hace mucho tiempo no veía a nadie que pudiera estar incurso en todas las aberraciones imaginables al mismo tiempo...». Decenas de artículos escritos con este tono fueron publicados por la prensa venezolana a propósito de las famosas dos cartas presidenciales, sobre cuya redacción yo había sido totalmente ajeno.

7. Rafael Poleo, *El Nuevo País,* 2 de marzo de 1999. «La conmoción producida en el ambiente político por la agresiva presencia de Norberto Ceresole es perfectamente justificada y su naturaleza impone tratarla con extrema seriedad institucional. Tal como se le describe, Ceresole es un agente revolucionario fundamentalista de primera magnitud, con importancia internacional, que ha tenido influencia determinante en la orientación del movimiento chavista».

8. Antonio Cova Maduro, «Ceresole *super star*», *El Universal,* 10 de marzo de 1999: «Ni Joan Manuel Serrat, viejo ídolo de los venezolanos ha levantado tanto polvo como la estadíade Norberto Ceresole». «Desde que anda por Venezuela, mis pesadillas tienen todas su cara», Patricia Poleo, ENP, 3 de marzo de 1999.

9. Muy pronto comenzaron las agresiones instrumentadas contra mi persona. En forma aparentemente ingenua, el suplemento *Siete Días* de *El Nacional* del domingo 28 de febrero de 1999, en un reportaje de tres páginas de extensión, nada menos, pone en mis labios la siguiente frase que oficia de titular: «Yo diseñé al personaje Hugo Chávez y luego me lo encontré en la calle». Por supuesto que nunca dije semejante estupidez. Los periodistas, simplemente, ejerciendo la libertad de empresa, cambiaron «un poco» el sentido de mis declaraciones originales, que tenían un significado muy diferente. Lo que reivindiqué en ese reportaje, y en otros, fueron mis trabajos intelectuales de los últimos 35 años, orientados a la elaboración de un modelo político (fundamentado en una alianza entre el ejército y el pueblo) y no a la «creación» de una persona, que es la que representa a ese modelo hoy en Venezuela. Una pequeña diferencia orientada a fabricar un abismo de desconfianza hacia un «argentino prepotente y agresivo, neonazi y montonero». Influenciado por esta campaña, el entonces ministro del Interior y actual presidente de la Asamblea Nacional Constituyente, mi amigo Luis Miquilena, ejerciendo la «falsa astucia» (Ver: Capítulo 3), me convenció para que me marchara del país, ya que mi presencia en Venezuela «...estaba siendo utilizada por la oposición para desprestigiar al presidente Hugo Chávez y atribuirle un carácter dictatorial al gobierno» (*El Nacional,* 6399). A pesar de todo, el gobierno de Hugo Chávez, desde mi partida de Venezuela (5399), hasta el día de hoy, finales de diciembre de 1999, no hizo más que poner en

práctica lo que la oposición ha denominado la «agenda secreta», o el «plan Ceresole».

10. Argelia Ríos, «Originaria moribunda», *El Universal,* 21 de marzo de 1999.

11. Roberto Giusti, «¿Y quién es él?», *El Universal,* 2 de marzo de 1999.

12. Emeterio Gómez, «La conversión», El Universal, 24 de mayo de 1999.

13. Jorge Olavarría, «El caudillo del reino de la mediocridad», en *El Nacional, Siete Días,* 21 de febrero de 1999. Jorge Olavarría, en esos días, había sido expulsado del entorno del presidente, por ser el alcahuete de la oposición.

14. En cambio para *Der Spiegel* (N° 39, 27 de septiembre de 1999) soy otra cosa. «Verdächtig waren auch manche der Autorennamen, mit denen Chávez jahrelang in seinen zitatenreichen Stegreifreden um sich warf: Nietzsche und Clausewitz kamen darin oft vor, aber auch der «Kronjurist» des Dritten Reiches Carl Schmitt und der ebenfalls nicht unumstrittene GeopolitikApostel Karl Haushofer. Woher stammt diese deutsche Ader bei einem jungen südamerikanischen Offizier? Offenkundig von einem obskuren politischen Schriftsteller aus Argentinien, der sich selbst als «Entdecker» von Chávez bezeichnet: Norberto Ceresole ist der Verfasser der Schrift «Caudillo, Armee, Volk – ein postdemokratisches Modell für Venezuela». Darin ergeht sich der Autor in verwickelten antiimperialistischen Theorien, die eindeutig faschistische Züge tragen. Zu den Vorbildern, auf die Ceresole sich beruft, gehört der Franzose Robert Faurisson – ein gerichtsnotorischer «Negationist», also HolocaustLeugner» (»Sospechosos eran también algunos nombres de autores que Chávez usaba durante años a diestro y siniestro en sus discursos improvisados y plagados de citas: los nombres que citaba a menudo eran Nietzsche, Clausewitz y el «jurista emblemático» del Tercer Reich Carl Schmitt, así como al controvertido apóstol geopolítico Karl Haushofer ¿De dónde le viene a un joven oficial sudamericano esta vena alemana? Evidentemente de un oscuro escritor político argentino, quien se autodenomina el «descubridor» de Chávez: Norberto Ceresole, autor del ensayo «Caudillo, ejército, pueblo un modelo postdemocrático para Venezuela». En este ensayo el autor expone teorías antiimperialistas muy complicadas que muestran claramente rasgos fascistas. Entre los ejemplos a los que se refiere Ceresole está el francés Robert Faurisson, un «negacionista» notorio, es decir alguien que niega el holocausto»). Opiniones similares pueden encontrarse en varias notas sobre Venezuela de distintas ediciones de los parisinos Le Monde y Libération. Durante las mismas fechas, The New York Times profundizó el mismo libreto (Larry Rohter, "For Venezuelan voter, a Nervous Honeymoon," 2 de mayo de 1999).

15. Esta visión genérica de la historia tiene debe tener su versión «microscópica». Los estudios recientes, por ejemplo, sobre Buchenwald, no sólo demuestran la inexistencia de «cámaras de gas» también en ese campo, demuestran sobre todo que los asesinatos cometidos en él hasta 1945 fueron realizados por la organización clandestina del campo, dominada por el partido comunista alemán. Ni ángeles ni demonios: conflictos humanos. Ver: Mark Weber, *Buchenwald: légende et réalité,*en *Akribeia,* Nº4, Lyon, marzo de 1999. Se encontrarán revisionistas de las más variadas opiniones políticas. Pero les une el ser víctimas de una persecución física, intelectual, judicial, coordinada por gentes que están involucradas en el apoyo a Israel y a la defensa de los privilegios políticos, financieros y militares que Israel saca de una visión parcial y parcializada de los acontecimientos de la segunda guerra mundial, esa misma que los revisionistas consideran errónea y abusiva. Por lo cual todos los que han padecido estos ataques furibundos han experimentado un sentimiento de solidaridad que va más allá de sus opciones políticas personales, sumamente diversas. Los que controlan la ortodoxia en los medias, los quieren demonizar: a un grado similar de generalización llega la solidaridad de los revisionistas. Estamos de acuerdo en afirmar que los hechos son lo más importante y que deben avalarse con los métodos convencionales que se suelen manejar en las diversas ramas del saber histórico. La posterior interpretación de los hechos es un asunto puramente personal y no tiene nada que ver con el revisionismo en sí. A los revisionistas como tales no les interesan las cuestiones de raza y racismo, como supone cierta propaganda inventiva, ni les importan los tabúes que pueda decretar tal o cual grupo de interés; no observan ninguna regla política, y no aceptan bajo ningún pretexto que una verdad cualquiera deba someterse a la censura de un poder político cualquiera o de una Razón de Estado cualquiera.

16. Ellos son: *Terrorismo fundamentalista judío,* editado primero en Buenos Aires (CEAM, 1996) y posteriormente en Madrid (Libertarias, 1996), *El nacionaljudaísmo* (Madrid, Libertarias, 1997), *La falsificación de la realidad* (Madrid, Libertarias, 1998, y «Tercera Posición», Buenos Aires, 1999) y *La conquista del imperio americano,* AlÁndalus, Madrid, 1998.

17. El núcleo de mi concepción de la historia, en especial de la historia de la Segunda Guerra Mundial, está en los textos (y no necesariamente en las interpretaciones de cada autor) que integran la página de Internet: www.abbc.com/aaargh. Ella se elabora en París pero se edita en Chicago, Illinois. Esa página tiene una sección principal en idioma francés, y otras secciones en inglés, alemán, italiano, español e indonesio. Recomiendo especialmente la sección francesa porque en ella están expuestos la casi totalidad de los escritos de Robert Faurisson (posteriormente recopilados en papel, en cuatro volúmenes [más de dos mil páginas en total], titulado Escritos Revisionistas), que son absolutamente decisivos para comprender el mito del llamado «Holocausto». En la misma sección francesa están también los escritos de Paul Rassinier, en especial sus dos

libros clásicos: La mentira de Ulises y Los responsables de la segunda guerra mundial. Muchos otros trabajos de gran relevancia pueden asimismo encontrarse en esta página, como los peritajes químicos realizados en Auschwitz por Fred Leuchner y Germar Rudolf, o las investigaciones del historiador italiano Carlo Mattogo en los ahora abiertos archivos de Moscú, o lo que podríamos llamar la evolución de la «teoría del rumor». En la sección en idioma español puede leerse el famoso libro de quien fuera durante 34 años, nada menos secretario general adjunto y filósofo oficial del Partido Comunista Francés, mi amigo y prologuista Roger Garaudy: Los mitos fundacionales de la política israelí (este libro ha sido traducido del francés a casi todos los idiomas vivos hoy en uso en el planeta Tierra). Y las excelentes investigaciones del español Enrique Aynat: Consideraciones sobre la deportación de judíos de Francia y Bélgica al este de Europa en 1942, y Los informes de la resistencia polaca sobre las cámaras de gas de Auschwitz (19411944). [Como ya hemos dicho, allí puede consultarse el *Archivo Norberto Ceresole* (www.abbc.com/aaargh/espa/ceres)]. Esta página, en definitiva, ofrece tanta información sobre esta cuestión capital de la historia contemporánea, que la sola transcripción de los títulos, autores y fechas de edición de cada uno de los trabajos allí ubicados, llevaría más páginas en papel que el total de folios del presente libro.

18. Sammy Eppel, «Venezuela y el Holocausto» (1.05.99).

19. Pierre VidalNaquet, Entrevista, *La Nación On Line*, Buenos Aires, 23.08.98. Como vemos no se trata de ver donde está la verdad histórica, sino de saber quién conduce la historiografía oficial en Occidente. Para la «justicia» alemana actual, el Holocausto es offenkundig (un hecho «notorio y público» que no necesita ser demostrado). En este punto debemos darle la razón a Ian J. Kagedan, director de relaciones gubernamentales de la B'nai B'rith de Canadá: «El recuerdo del Holocausto es el elemento principal del Nuevo Orden Mundial» (*Toronto Star,* 26.11.1991). Por lo tanto, disidente es todo aquel que, o bien mitiga la relevancia del Holocausto (*Verharmlosung*) o quien niega su realidad (*Leugnung*).

20. Un aporte a la teoría del rumor como base de una cierta construcción historiográfica (ver Revista *Akribeia,* Nº1, Lyon, octubre de 1997: *Histoire, rumeurs, légendes*). Durante años, por ejemplo, se ha alimentado el mito de la argentina naziperonista, afirmando que los «criminales de guerra» nazis llegaban en masa a ese país, en la inmediata posguerra, desembarcando con sus tesoros robados a los judíos, incluso de temibles submarinos. Este año de 1999 finalizó la primera investigación seria sobre esta falsa imagen construida contra la Argentina. Una comisión oficial dirigida por judíos argentinos y norteamericanos, la Comisión para el Esclarecimiento de las Actividades del Nazismo en la Argentina (CEANA) entregó su informe final en septiembre de este año a los más altos dirigentes del lobby norteamericano en Nueva York: los criminales de guerra que obtuvieron refugio en la Argentina en la posguerra fueron...

¡180! (ciento ochenta), la mayoría de ellos franceses, belgas y croatas, casi ninguno alemán. «Desafiando el mito, la CEANA, en un capítulo redactado por el historiador norteamericano Robert Potash, llegó a la conclusión de que ninguno de los científicos reclutados por el general Perón para su ambicioso proyecto de Industrias Militares puede ser identificado bajo la categoría de criminal del guerra» (www.clarin.com.ar, 250999). La misma «tecnología» basada en la «teoría del rumor» se ha utilizado recientemente en Venezuela para «acusar» al presidente Chávez, presentándolo ante el mundo como responsable, por omisión, de la terrible tragedia que asoló a Venezuela hacia finales del mes de diciembre de 1999.

21. Sobre el problema militar en el Cono Sur véase: Norberto Ceresole, *Tecnología militar y estrategia nacional,* ILCTRIPleamar, Buenos Aires, 1991.

22. Esta posición fue la misma que finalmente adoptó el presidente Chávez, quien la incorporó como segunda pregunta dentro del artículo 3º. del Decreto de Referendum dictado el martes 2 de febrero de 1999. La ya célebre «segunda pregunta» dice textualmente: «¿Autoriza usted al Presidente de la República para que mediante un acto de gobierno fije las bases de un proceso comicial en el cual se elegirán los integrantes de la Asamblea Constituyente?».

23. Para un desarrollo del concepto «matriz de producción de poder» ver: Norberto Ceresole, *Proyecto nacional y producción de poder,* El Bloque, Buenos Aires, 1989. Y, Norberto Ceresole, *Subversión, contrasubversión y disolución del poder en la Argentina,* ILCTRI, Buenos Aires, 1996.

24. Sobre la cuestión del «capital político» o de la «legitimidad histórica acumulada» se publicó un estudio de la consultora Data & Forecast Analytica, el lunes 15 de febrero de 1999 en El Universal, de Caracas. En él se señala que esa legitimidad histórica del chavismo es más que suficiente para intentar la «apertura económica» y la «modernización» del aparato del Estado. «Es un elemento positivo que el nuevo gobierno tenga un considerable capital político para contribuir a la recuperación de la gobernabilidad y a la superación de lo que durante varios años deterioró la legitimidad del sistema político» (Nota adjunta del 15 de febrero de 1999).

25. De manera totalmente deliberada hemos soslayado, a lo largo de todo este ensayo, hacer referencias explícitas a la situación económica, ya que sobre la misma existen una gran cantidad de estudios altamente calificados.

26. El desarrollo militar (y político) que han alcanzado esas fuerzas es realmente impresionante. Sólo las FARC disponen actualmente de más de diez mil hombres y mujeres armados dislocados en 60 frentes y 6 columnas móviles. El ELN, por su parte, dispone de unos 3.500

combatientes efectivos armados distribuidos en cinco frentes de guerra, cinco regiones urbanas y unos 35 frentes guerrilleros. En conjunto controlan un enorme espacio de la geografía colombiana, y muchas de sus regiones fronterizas especialmente con Venezuela y ejes productivos.

27. «Hasta el siglo XX Venezuela no tuvo mapa». Domingo Alberto Rangel, *Venezuela en tres siglos,* Vadell, Caracas, 1998.

28. En la China que yo conocí, la de la «Revolución Cultural», se explicaba a los visitantes que las primeras dinastías del Imperio eran en verdad preconfiguraciones, o meras anticipaciones, de la aparición final del Gran Mao. O sea que el «comunismo nacional» ya estaba prederminado contenido en los mismos orígenes de aquella cultura milenaria. Un mecanismo similar se empleó en la URSS. El pensamiento mágico del marxismo, la última fase del Iluminismo europeo.

29. «El siglo XIX fue una época realmente sombría para Venezuela. Desaparecen en el curso de sus cien años industrias enteras construidas por esfuerzos tenaces, las enfermedades endémicas terminan por adueñarse de nuestros campos, una guerra crónica de merodeo siega vidas y destruye riquezas Para 1900 Venezuela ocupaba tal vez el último lugar entre los países de la América Latina Ningún otro país quemó más ranchos, destruyó más sementeras, vio enmontar más caminos, cerró más escuelas» (Domingo Alberto Rangel, *Venezuela en tres siglos,* Vadell, Caracas, 1998). Ese siglo devastador fue la consecuencia necesaria de las guerras de secesión al servicio de una nueva potencia, esta vez sí, colonial.

30. Ver: Norberto Ceresole, *Expulsión, Inquisición, Holocausto,*Amanecer, Madrid, 1998. Y: *La falsificación de la realidad,* Libertarias, Madrid, 1998. Ejemplares de este libro existen en Venezuela, en Vadell hermanos editores (02 572 5243, 572 3108, 572 5243). Y también, como ya se ha dicho, en varias direcciones de Internet.

31. El sargento Iván Alexander Freites fue uno de los alzados del 4 de febrero que con más dignidad y lealtad se comportó en la prisión de Yare.

32. El capitán Ronald Blanco La Cruz fue el oficial que comandó el blindado que penetró en Miraflores en la madrugada del 4 de febrero de 1992.

33. Un ejemplo concreto. La General Motors ha cerrado plantas de producción dentro del territorio norteamericano, al mismo tiempo en que se ha convertido en el principal generador de empleo de México. También abrió una planta de montaje en Alemania Oriental, donde una mano de obra muy calificada y disciplinada está dispuesta a trabajar más horas que sus connacionales de la parte occidental, por sólo el 40% de los salarios

que aquellos exigen. Estamos en presencia de un fenómeno de dislocamiento empresarial a escala global, lo que significa un vasto traslado de empresas del centro hacia la periferia. Es por ello que la desocupación, tanto en el centro como en la periferia, es un factor directamente proporcional al crecimiento de las llamadas variables macroeconómicas. Cuanto mayor sea el «crecimiento», según los parámetros del modelo neoliberal, mayor será la desocupación.

34. Hasta ahora hemos hecho referencia al concepto «mundo o espacio árabemusulmán» pretendiendo indicar no tanto una «unidad geopolítica» cuanto una zona del planeta con cierta uniformidad étnica y cultural. Usamos ese concepto intentando abarcar tanto al mundo árabe como a Irán, relativamente unificado por el Islam.

35. Bibliografía recomendada. Norberto Ceresole, *Materiales sobre economía de la defensa y política de la defensa,* siete volúmenes, ILCTRI-Ministerio de Defensa de España, Madrid-Buenos Aires, 1986. Norberto Ceresole, *Política de producción para la defensa, economía de la defensa, industria de la defensa, geopolítica nacional,* ILCTRI, Buenos Aires, 1989. Norberto Ceresole, *Tecnología militar y estrategia nacional,* ILCTRI-Pleamar, Buenos Aires, 1991.